大学生、社会人の**日本語応用力**を伸ばす

使うことば

戎 妙子　柴田 あぐに　関 綾子　中谷 潤子　松田 浩志　山田 勇人 著

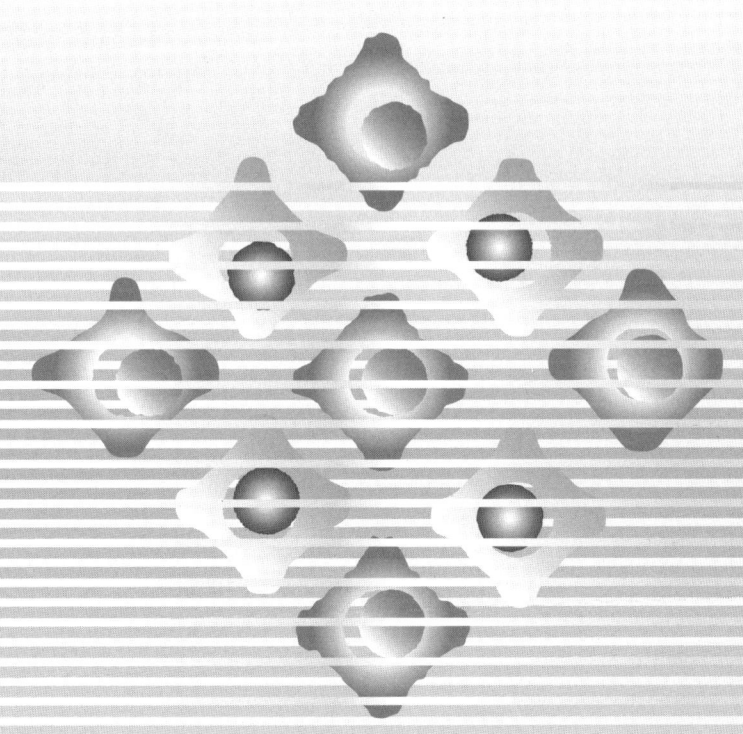

研究社

まえがき

　「健やかで、バランスのとれた...」でことばを切ると、その後に何が思い浮かぶのでしょうか。「食事」や「食生活」の類が多いのではないでしょうか。食材を吟味して、栄養成分のバランスを考え「健やかで、バランスのとれた」食事を摂ることが心身ともに満たされた健康な生活の基盤を築いてくれると言います。

　『使うことば』は、上で述べた「食事」や「食生活」を「ことばの使い方」に置き換えてみると、その目的がよく分かる一冊です。すなわち、「健やかで、バランスのとれた」ことばの使い方が、充実した日常生活の基盤を築くと考えて編まれた本です。食材を吟味するようにことばを取捨選択し、鼻につかない程度にバランスよく、慣用的に使われる表現を取り入れる。聞く者の耳に快く、意図するところが正確に相手の腑に落ちる。そんなふうにことばが使えることを目指した一冊です。

　設問に沿って読み進めるにあたっては、出てきたことばや表現を三つのグループに分けてみてください。「知ってるよ、こんな表現」「見たこと、聞いたことはあるな」そして「こんなむずかしい表現、必要ない」というグループです。

　　社長が手をかけて育てた息子が、今度我が社に来るそうだ。
　　社長にも、いろいろなしがらみがあって簡単には決断できないだろう。
　　社長の差し金がなければ、部長がこんなことを言い出すはずがない。

　「手をかける」なんて簡単な、と思う前に、手をかける相手が「部下」になると、裁判沙汰になるような大騒ぎになることも忘れないでください。決まったメニューにしか使わなかった「食材」を見直すことで、ことばのレパートリーが広がります。「しがらみ」がどんな漢字で、「差し金」がどんな「金」なのか、ちょっと調べてみると、「なんとなく知って」いたり、「必要ない」とお付き合いをしなかったことばや表現も「健やかで、バランスのとれた」ことばの使い方には、有効な「食材」になるはずです。

　料理と違って、「健やかで、バランスのとれた」ことばの使い方にレシピーがあるわけではありません。自分の身の丈に合ったことばの使い方を工夫して編み出すのですが、そのためにも、ことばや表現の一つひとつをしっかり吟味しておく姿勢が欠かせません。『使うことば』は、楽しみながらことばや表現を吟味し、増やしていくことを目指した一冊です。

2011年3月
著者一同

『使うことば』の構成と狙い

『使うことば』は、30課から成り、練習問題形式になっています。それぞれの課には、ⅠからⅤまでの設問があり、それぞれ次のような狙いをもった設問です。

Ⅰ. 四字熟語の練習
    「四字熟語」には、いろいろな定義があるようですが、『使うことば』で扱う「四字熟語」は、そうした定義にしたがった分類ではなく、文字通り、四つの漢字から成る言葉で、よく使われるものを選び出しました。解答を見つけ出す作業だけが設問の目的ではなく、与えられた設問文を四字熟語を使って言い換えてみたり、答えとして選ばれない表現も、それを使って短文作りをして使えるようにすることを目指した設問です。

Ⅱ. 慣用的な表現
    体の部分を使った慣用的な表現や故事、ことわざと呼びならわされている表現を使った設問です。設問文に合う表現を選び出すだけではなく、選択肢にあげたすべての表現が使えることを目指した設問です。

Ⅲ. 慣用的な表現の意味説明
    慣用的な表現を使った文が二種類あります。問われている表現の意味が文脈から類推できる文と、そうでない文の二種類です。意味説明を求められている表現の意味が説明できることと、それを使って文を作る練習も考えた設問です。

Ⅳ. 「まえがき」で説明した三つのグループの言葉や表現が選択肢として与えられた短い文章です。文脈から判断して適切な選択肢を選び出すのが設問の第一義ですが、選択肢として並べられていることば、表現のすべてが「食材」にできることを目指した設問です。

Ⅴ. 決まり文句
    一般に慣用的な表現と呼ばれないものの中でも、工夫を(凝らす、重ねる)のように決まった形で使われる表現があります。それを、決まり文句と呼ぶとします。この設問では、そうした決まり文句の一部(ほとんどが名詞)を提示して、それと呼応する述部(動詞や形容詞)を埋める設問です。設問によっては、答えが複数になるものも含まれています。

以上、『使うことば』の設問は、解答を求めることが第一義ではなく、答え、選択肢、あるいは、設問文中に使われていることばや表現を、「まえがき」で説明した「食材」として身につけることが目的の設問です。その点をよく理解した上で活用していただければと思います。なお、設問の中には、意図的に読みにくい漢字表記をしている部分があります。自分では漢字で書かないことばや表現でも、漢字表記に出会ったときに読めるようにと考えてのことです。

　また、索引も活用してください。備忘録として、ちょっと時間のあるときに索引に並んだことばを見て、いくつが「食材」として使えるようになったかチェックをしてみるのに使ってください。漢字の練習にも利用できます。ひらがなの見出しを見ながら、漢字を頭に浮かべてみたり、書いてみたりと、いい頭の体操になると思います。
　Ⅰ〜Ⅴの設問も、索引も、捨てる部分のない食材として『使うことば』を丸ごと活用していただければと思います。

目　　次

第 1 課 ・・・・・・・・・・・・・・・・・・・・・・・・・・ 1
第 2 課 ・・・・・・・・・・・・・・・・・・・・・・・・・・ 3
第 3 課 ・・・・・・・・・・・・・・・・・・・・・・・・・・ 5
第 4 課 ・・・・・・・・・・・・・・・・・・・・・・・・・・ 7
第 5 課 ・・・・・・・・・・・・・・・・・・・・・・・・・・ 9
第 6 課 ・・・・・・・・・・・・・・・・・・・・・・・・・・ 11
第 7 課 ・・・・・・・・・・・・・・・・・・・・・・・・・・ 13
第 8 課 ・・・・・・・・・・・・・・・・・・・・・・・・・・ 15
第 9 課 ・・・・・・・・・・・・・・・・・・・・・・・・・・ 17
第10課 ・・・・・・・・・・・・・・・・・・・・・・・・・・ 19
第11課 ・・・・・・・・・・・・・・・・・・・・・・・・・・ 21
第12課 ・・・・・・・・・・・・・・・・・・・・・・・・・・ 23
第13課 ・・・・・・・・・・・・・・・・・・・・・・・・・・ 25
第14課 ・・・・・・・・・・・・・・・・・・・・・・・・・・ 27
第15課 ・・・・・・・・・・・・・・・・・・・・・・・・・・ 29
第16課 ・・・・・・・・・・・・・・・・・・・・・・・・・・ 31
第17課 ・・・・・・・・・・・・・・・・・・・・・・・・・・ 33
第18課 ・・・・・・・・・・・・・・・・・・・・・・・・・・ 35
第19課 ・・・・・・・・・・・・・・・・・・・・・・・・・・ 37
第20課 ・・・・・・・・・・・・・・・・・・・・・・・・・・ 39
第21課 ・・・・・・・・・・・・・・・・・・・・・・・・・・ 41
第22課 ・・・・・・・・・・・・・・・・・・・・・・・・・・ 43
第23課 ・・・・・・・・・・・・・・・・・・・・・・・・・・ 45
第24課 ・・・・・・・・・・・・・・・・・・・・・・・・・・ 47
第25課 ・・・・・・・・・・・・・・・・・・・・・・・・・・ 49
第26課 ・・・・・・・・・・・・・・・・・・・・・・・・・・ 51
第27課 ・・・・・・・・・・・・・・・・・・・・・・・・・・ 53
第28課 ・・・・・・・・・・・・・・・・・・・・・・・・・・ 55
第29課 ・・・・・・・・・・・・・・・・・・・・・・・・・・ 57
第30課 ・・・・・・・・・・・・・・・・・・・・・・・・・・ 59

　　　索引・・・・・・・・・・・・・・・・・・・・・・・・ 61

第1課

Ⅰ．下線部と近い意味になる四字熟語を下から選んで書き入れてください。

1. 家にあった本を整理しようと思って、近くの古本屋さんに持って行ったけれど、冊数が多かった割には価値のない本ばかりで、安い値段にしかならなかった。
　□□□□

2. ほぼ間違いなく成功するだろうと考えていたプロジェクトが、とんだことで失敗して、関わっていた人全員が大きなショックを受けた。
　□□□□

3. 今度の旅行では、自分の人生で二度とないだろうとしか言えない出会いがあった。
　□□□□

　　　　　［一触即発　　二束三文　　一期一会　　九分九厘］

Ⅱ．下線を引いた慣用的な表現の意味に、最も近いものを選んでください。

1. 昨日の会議で部下の発言の些細な点を咎めた部長に、がっかりした。
　　　　［目頭をぬぐう　　目頭を押さえる　　目くじらをたてる］

2. 他の人よりコンピュータの使い方が上手いことを得意そうにしているA君とは、どうしてもうまくやっていけない。
　　　　［鼻にかける　　鼻息が荒い　　小鼻をふくらませる］

3. もう聞き飽きて、自分で同じことが言えるほど言われたことなのに、先生は今日もまた同じ説教を繰り返していた。
　　　　［耳につく　　耳を塞ぐ　　耳に残る］

4. 私が一番嫌いなタイプの人間は、お金があるというだけの理由で、どこででも周りの人に遠慮せず偉そうにする人です。
　　　　［顔を利かす　　顔をつなぐ　　大きな顔をする］

Ⅲ．下線を引いた慣用的な表現の意味を書いてください。

1. この程度の仕事ならなんなくできるだろうと思っていたけれど、予想以上にきつくて、恥ずかしいことに、始めてすぐにあごを出してしまった。
　→

2. すべての計画は、自分がリーダーで動かしているつもりだったのに、今思い返し

第1課

てみると部下のAさんに<u>手玉に取られて</u>いたのだと反省している。
→

3. 突然の豪雨で交通機関がすべてマヒしてしまい、10万人以上の人が通勤の<u>足を奪われる</u>ことになった。
→

Ⅳ. （　）の中に下から適当な言葉を選んで入れてください。必要な場合は、ことばの形を変えてください。

　アメリカで10年以上の職歴があるという触れ込みの新人が採用されることになった。景気が低迷し始めてからは、久しぶりの新人採用とあって、私は（　　　）の先輩（　　　）で、どんな人物が来るのか楽しみにしていた。

　数日後、課員全員が集まった朝礼で紹介された新人は、緊張するでもなく、どちらかというと（　　　）とした表情で「皆さん、よろしく」と、まるで新しいクラブにでも入るような軽い調子で挨拶をした。

　語学に堪能なことという条件を付け、全国公募をして何人もの候補者から厳選された新人だと紹介され、課の者の多くは、それを（　　　）にしていたのだが、後になって妙な噂が流れはじめた。（　　　）は公募となっているが、実は会長の強力なコネで入社したのだという。組合では、この不景気に人を増やすなんて、会社側はどういう（　　　）なのかと噂の真偽を確かめようと動き始めたということだ。

　　［あっけらかん　いっぱし　鵜呑み　表向き　気取り　腹づもり］

Ⅴ. 次の（　）の中に適当な言葉を入れてください。
1. 一見のんびりしているようだが、彼は一端仕事に片を（　　　）段になると、周りの者があっけに（　　　）ほどのスピードでやり終えてしまう。
2. いくら見識が（　　　）といっても、大学を卒業したばかりの若者では、いざと（　　　）ときに、経験不足でどうにも役に立たないことが多い。
3. 今回の特別公演に迎えられたA監督は、相手が誰であろうが容赦のない采配を（　　　）ことで知られている。それを十分知っている出演者たちは、おちおち（　　　）いられないといった面持ちで毎日の練習に励んでいる。

第2課

Ⅰ．下線部と近い意味になる四字熟語を下から選んで書き入れてください。

1. 近々大規模なリストラがあるという噂が流れ、社員は皆仕事に手がつかない様子で、びくびくしている。
   ☐☐☐☐

2. 立候補者は、選挙の開票速報を見ながら、支援者の人たちと一緒に喜んだり悲しんだりしている。
   ☐☐☐☐

3. 化学工場が爆発し、付近一帯まるで地獄絵を見るように悲惨な場と化した。
   ☐☐☐☐

　　　　　　　［喜怒哀楽　　一喜一憂　　戦戦恐恐　　阿鼻叫喚］

Ⅱ．下線を引いた慣用的な表現の意味に、最も近いものを選んでください。

1. 社長の身内だといっても、何も特別な扱いをされているわけでもない。それなのに周りの人たちからは、冷たく無視するような扱いをされている。
　　　　　　　［鉄槌を下す　　白い目で見る　　肘鉄をくらわす］

2. 初めて書いた報告書。先輩に見せたら「これでは駄目だ」と、赤鉛筆を取り上げて訂正し始めた。
　　　　　　　［朱を入れる　　朱を注ぐ　　朱に染まる］

3. いくら待っても出頭しない会社幹部を、これ以上待つわけにはいかないと考えたのか、税務署は今日早朝に会社に乗り込んだ。
　　　　　　　［精も根も尽き果てる　　痺れを切らす　　腰を浮かす］

4. 新製品を開発したが売れ行きが伸びない。今後どうしたものか深く考え込む。
　　　　　　　［思案に余る　　思案に尽きる　　思案に沈む］

Ⅲ．下線を引いた慣用的な表現の意味を書いてください。

1. 結婚式では、新郎の服装は地味なものでもいい。どうせ刺身のつまなのだから。
　　→

2. 同じミスを繰り返すS君に、忍耐強さで定評のあるTさんも匙を投げたらしい。
　　→

第2課

3. 彼が「野菜工場を作る」と言い出したとき、難しいだろうと思った。それでも未だ<u>自転車操業</u>とはいえ、続けている点は評価している。
　→

IV. （　　）の中に下から適当な言葉を選んで入れてください。必要な場合は、ことばの形を変えてください。

　月に一回催される親睦会と銘打った町内会。ここが売り出されてしばらくの頃は、引っ越してきたみんなが、ご近所さんと仲良くなろうと、（　　　　）参加していた。しかしそのうち、若い世代が一人抜け二人抜けし、最近では（　　　　）お年寄りが目立つようになり、老人会の様相を呈してきた。
　春に部署変えがあってなかなか時間のとれない私も、時にはもう抜けたいと思うのだが、今年いっぱいは休むわけにはいかない。それどころか、会長なのだから親睦会の間中、どんなに（　　　　）話が続いても、（　　　　）をしたり、（　　　　）な様子を見せたりすることはできない。会長にと推されて（　　　　）したことが悔やまれてならないが、今年をやり過ごせばと我慢している。

　　　［こぞって　他愛のない　とみに　投げ遣り　仏頂面　安請け合い］

V. 次の（　　）の中に適当な言葉を入れてください。
1. 今の会社から身を引こうと最終的に決心したのは、会社帰りに居酒屋に寄り、上役の陰口を（　　　　）ながら、憂さを（　　　　）同僚たちに嫌気がさしたからだ。
2. 次から次へと新奇な商売をはじめて、そのすべてに失敗した結果、周りから物笑いに（　　　　）と思ったA氏は、今度こそ一旗（　　　　）てみんなをあっと言わせてやろうと故郷を後にした。
3. どんな結果になろうと後腐れが（　　　　）ようにとあれほど気をつけていたのに、プロジェクト失敗の責任の矛先が自分に（　　　　）とは、本当に予想外だった。

第3課

Ⅰ．下線部と近い意味になる四字熟語を下から選んで書き入れてください。

1. 客を装って店に入り、昼日中に堂々と宝石店に押し入り金品を奪うとは、全く恐れを知らないとしか言えない。
   ☐☐☐☐

2. この伝統を守り新しさを嫌う体質では、我が社はこれからの国際競争には到底勝ち抜くことはできないだろう。
   ☐☐☐☐

3. 何事にも興味を持ち、すぐに実行に移すのはいいが、最後までやり遂げることなく、いつも道半ばで止めてしまうのが、彼の欠点だ。
   ☐☐☐☐

　　　　　［旧態依然　　大胆不敵　　三日坊主　　朝令暮改］

Ⅱ．下線を引いた慣用的な表現の意味に、最も近いものを選んでください。

1. 不況で仕事が減ったとはいえ、20年以上勤めている社員すら平気で解雇してしまう社長は冷酷そのものだと言わざるを得ない。
   　　　　　［血が騒ぐ　　血が滲む　　血も涙もない］

2. あれだけ世襲に反対していた政治家A氏も、他人よりも血のつながった親族のほうが頼りになるということだろうか、後継者には自分の息子を指名した。
   　　　　　［血は水よりも濃い　　血は争えない　　血を分ける］

3. 旅先では知った人がいないから、少々無茶をしても構わないという考えが、未だに抜けない日本人がいる。
   　　　　　［旅の恥はかき捨て　　旅は憂いもの辛いもの　　旅は道連れ世は情け］

4. 一生懸命説明しているところに、横から口を挟まれ、すっかり調子が狂ってしまった。
   　　　　　［茶々を入れる　　お茶をひく　　お茶を濁す］

Ⅲ．下線を引いた慣用的な表現の意味を書いてください。

1. 友人のAは、不機嫌になるとわざと他人行儀な物言いをして、私を不快にさせる。
   →

第3課

2. それまで協力して行動してきた彼らだが、意見の食い違いから袂を分かつことにした。
 →

3. 新聞記者は、増税問題について単刀直入に質問し、首相をたじたじとさせた。
 →

Ⅳ. （　）の中に下から適当な言葉を選んで入れてください。必要な場合は、ことばの形を変えてください。

　世の中をアッと言わせた婚約騒動の直後だっただけに、二人の破局はその理由を（　　　）にすることもなく、世間の耳目を（　　　）ようにたった数行のファックスで公表され、記者会見なども催されなかった。
　私などに言わせれば、人生の何たるかも知らない未熟な若者二人が、周りの（　　　）に踊らされた挙句の婚約、破局騒ぎなど全くの（　　　）だ。
　しかしながら、職業柄、マスコミの報道が今の若者たちに与える影響の大きさを身に染みて知らされている私には、そういう観点からは、今回のことを（　　　）ことはできず、私の学生たちにつまらぬ影響を与えはせぬかとの懸念が、報道に接した瞬間頭の片隅を（　　　）ことを認めざるを得ない。

　　　［侮る　詳らか　なすがまま　憚る　噴飯物　よぎる］

Ⅴ. 次の（　）の中に適当な言葉を入れてください。

1. つまらぬことで業者との間で悶着を（　　　）新人の営業マンが、会社に連絡もせず姿をくらました。関係者が八方手を（　　　）探したが行方が知れず、とうとう警察の力を借りる騒ぎになってしまった。

2. それまで辣腕を（　　　）て、政界を振り回してきたさしものX氏も、今回のスキャンダルだけはどうしようもなく、前言を（　　　）やら取り消すやらで、すっかり信用をなくした形だ。

3. ドンとまで呼ばれた理事長だったが、さすがに焼きが（　　　）とでも言うのか寄る年波には勝てないようで、何の衒いも（　　　）自らの落ち度を認めて第一線から身を退いた。

第4課

Ⅰ．下線部と近い意味になる四字熟語を下から選んで書き入れてください。

1. 父は定年後、忙しい生活から解放されて、<u>田舎で野菜を作り雨の日には部屋で読書をする日々</u>を送りたいという。
   □□□□

2. 鑑定家によると、発掘された土器は後の時代に作られた<u>紛い物</u>ではなく、<u>紛れもなく</u>当時の祭祀に使われた物だそうだ。
   □□□□

3. 全然目立たない存在のAさんが、同期の誰よりも昇進が早いのは、彼の<u>間違いがない</u>仕事ぶりが他の誰にも真似できないからだ。
   □□□□

　　　　　　［正真正銘　　読書三昧　　正確無比　　晴耕雨読］

Ⅱ．下線を引いた慣用的な表現の意味に、最も近いものを選んでください。

1. 部長は、いつも私の弱点をあげつらうけれども、<u>自分でも分かっているので聞きたくない</u>。
　　　　　　［小耳に挟む　　耳が痛い　　耳を揃える］

2. この度の受賞で、彼女は売れっ子作家として<u>著名なばかりではなく、その作品の質の高さも認められた</u>ことになる。
　　　　　　［名実相ともなう　　花も実もある　　自他ともに許す］

3. 電車に座り込んで、大声で騒ぐ若者たちに周りの人たちは注意するわけにもいかず、<u>困った表情を浮かべる</u>ばかりだった。
　　　　　　［眉をひそめる　　胸糞が悪い　　耳に障る］

4. 長い間骨董品を扱っていると、品物を前にして座っただけで、良い物と悪い物の<u>見分けができる</u>ようになる。
　　　　　　［目に浮かぶ　　目を養う　　目が肥える］

Ⅲ．下線を引いた慣用的な表現の意味を書いてください。

1. マスコミは、生意気だと言われているタレントの何気ない発言を<u>やり玉に挙げた</u>。
   →

第4課

2. 誰もいないはずの部屋から物音が聞こえ、身の毛がよだつ思いがした。
→

3. 偶然生まれた発明で、一転億万長者になった彼は、もう笑いが止まらない毎日だ。
→

Ⅳ. （　　）の中に下から適当な言葉を選んで入れてください。必要な場合は、ことばの形を変えてください。

　身内の名前を騙ってお金を騙し取る。世の中が（　　　）なると、悪知恵に（　　　）あの手この手の詐欺を考えだす輩が出てくる。そんな詐欺になど引っ掛かる奴が間抜けだと全くの他人事だと考えていた。それなのに（　　　）大金を騙し取られてしまった。

　息子から会社の金を落としてしまったので、何とかしなければならない。すぐに送金してほしいという電話を受けた家人は、気持ちが（　　　）あまり、相手をよく確かめもせず、言われるままに口座に金を振り込んだ。

　警察に届けはしたものの、犯人の検挙率は非常に低いということだから、お金が戻ってくることはない。（　　　）するより仕方がない。我が人生一大の（　　　）であった。

　　　　［世知辛い　長ける　痛恨事　泣き寝入り　はやる　まんまと］

Ⅴ. 次の（　　）の中に適当な言葉を入れてください。

1. 事故の現場は、まさに言語に（　　　）ような惨状で、死傷者の身内のみならず多くの人々を慄然とさせた。そればかりか、事故は人災のふしが（　　　）ということで、鉄道会社に対する怒りが湧き上がった。

2. 万策尽き、途方に（　　　）一家は、なんとか家主との間で折り合いを（　　　）と、希望がもてないのは承知の上で、それでも交渉に出かけていった。

3. はじめは親切そうにふるまい融資をしてくれるA氏は、実は、金に（　　　）ことで有名で、鴨がネギをしょってくるのを手ぐすね（　　　）待っているという噂だ。

第5課

Ⅰ．下線部と近い意味になる四字熟語を下から選んで書き入れてください。

1. 佐藤家はその地では、誰もが知る名家で、代々伝え、継承していくものがたくさんある。
   □□□□

2. はじめは攻撃的に、それがうまくいかなかったので、今度はなんとか妥協しようと試みたが、初めから最後まで完全に拒否され、交渉は決裂した。
   □□□□

3. 友人から、離婚の理由が、家庭から解放されて思う存分に納得のいくまで、カメラ片手に世界を飛び回りたいからだと聞いて、複雑な思いを抱いた。
   □□□□

　　　　［子子孫孫　　史上空前　　徹頭徹尾　　縦横無尽］

Ⅱ．下線を引いた慣用的な表現の意味に、最も近いものを選んでください。

1. 今回の汚職事件で、佐藤氏は政治家として代々築いてきた佐藤家の評判を落とした。
　　　　［名を売る　　名に負う　　名を汚す］

2. 初めて出場できた甲子園球場の優勝戦で、延長16回の末、僅差で負け、抑えることができないほどの悔しさを経験した。
　　　　［涙を呑む　　涙を催す　　涙を覚える］

3. 新入社員と接するときは、すぐに結果を求めず、相手が徐々に成長することを願って、期待して待つ必要がある。
　　　　［骨を折る　　片棒を担ぐ　　長い目で見る］

4. 責任も負担も大きくて耐えられないほどの大役を仰せつかったが、なんとかやりおおせてホッとしている。
　　　　［荷が勝つ　　荷を下ろす　　荷が重い］

Ⅲ．下線を引いた慣用的な表現の意味を書いてください。

1. 何日も取り調べを受けたはずの部長は、月曜日には何食わぬ顔で会社に現れ、仕事の指示を始めた。
   →

第5課

2. 友人に親切にしたのに、相手はそれほど恩義を感じてないと別の友人に愚痴を言ったら、「情けは人のためならず」と言われた。
   →

3. あれだけ目をかけていた甥が獅子身中の虫だと分かって、会長は身も世もないといった様子で、経営から身を引いた。
   →

IV. (　)の中に下から適当な言葉を選んで入れてください。必要な場合は、ことばの形を変えてください。

　お便りを見てまず思うのは、(　　　)に息子さんを非難するのはどうかということです。息子さんが当面フリーターという道を選択したとしても、その「働く」という決断を認めてあげるべきではないでしょうか。あなたはご自分の知り合いの会社に息子さんの就職をお願いしたとおっしゃっていますが、そのような(　　　)の決定は、息子さんのプライドを傷つけるばかりでなく、たとえその会社に就職して働いたとしても、長続きはしないでしょう。「自分の人生は自分で切り開きたい」という息子さんのことばは、(　　　)言い訳ばかりではないと思います。息子さんだって(　　　)に座る思いでいらっしゃるのです。

　不本意入社の若者がどれだけ会社を辞めているか、ご存知ですか。(　　　)申し上げますが、息子さんはもうあなたの手を離れているのです。あなたが(　　　)する必要はありません。

　　　[あえて　あたふた　頭ごし　あながち　針の筵　やみくも]

V. 次の(　)の中に適当な言葉を入れてください。
1. 二代目の社長は、会社に顔を出すこともなく、創業者の父親が築き上げた地位にあぐらを(　　　)。こつこつと事業を拡大してきた一代目の意志は、もはや見る影も(　　　)。
2. 祖母は、ことば巧みなセールスマンの口車に(　　　)て、50万円もする印鑑を買わされたが、クーリング・オフ制度のおかげで解約でき、事なきを(　　　)。
3. 与党が提出した増税案に対し、野党ばかりか、連立を組む政党までが足並みを(　　　)て反対に回ったため、法案は見送りとなった。与党にとっては、煮え湯を(　　　)結果となったといえよう。

第6課

Ⅰ．下線部と近い意味になる四字熟語を下から選んで書き入れてください。
1. 総額6億円かけて、建材にも装飾にも贅を尽くした派手やかな家を新築するつもりだ。
   □□□□

2. 日本代表のメンバーは、充実した最終合宿を終え、優勝を目指し強い意気込みをもって世界大会へ出発した。
   □□□□

3. A社がB社を支援し続けていたのは、B社を吸収しようとじっと機会を窺っていたのだとは、業界の誰も気づかなかった。
   □□□□

　　　　　［豪華絢爛　　虎視眈眈　　風光明媚　　意気軒昂］

Ⅱ．下線を引いた慣用的な表現の意味に、最も近いものを選んでください。
1. あの人の説明は、自分では分かっているつもりでも、他の人に理解してもらうには説明の仕方が十分でないので、あらぬ誤解を生むことがある。
　　　　　［舌足らず　　二枚舌　　舌先三寸］

2. 首相の引退宣言は、あまりに突然だったので、政界ばかりか、世間一般に衝撃を与えた。
　　　　　［耳目を驚かす　　耳目に触れる　　耳目を引く］

3. 社内の人間関係をなんとか良くしようと、そればかりに時間をかけ、業界の動向が認識できていなかったA社は、競争からすっかり取り残されてしまった。
　　　　　［木で鼻を括る　　木を見て森を見ず　　猿も木から落ちる］

4. 隆盛を誇っていた組織だったが、信頼できる人材や確実な資金計画もなく続けてきた拡張作戦が原因で、一夜にして解散に追い込まれてしまった。
　　　　　［青天の霹靂　　砂上の楼閣　　三顧の礼］

Ⅲ．下線を引いた慣用的な表現の意味を書いてください。
1. 一部の人たちには早くから異才を知られていた彼女だが、今度発表した作品は、その才能が広く世界に認められるかどうかの試金石になる。
　　→

第6課

2. 初めての海外旅行で泊まるところが見つからず困っていたら、地元の人が家に招いてくれた。地獄で仏とはまさこのことだ。
   →

3. 「塞翁が馬」とはよく言ったものだ。失敗したと思っていた実験から次への新たなヒントが見つかった。
   →

Ⅳ. （　）の中に下から適当な言葉を選んで入れてください。必要な場合は、ことばの形を変えてください。

　雨が降り始めた夕方の視界を遮られるような時間帯は、（　　　）と呼ばれ、最も事故が起こりやすい状況の時です。
　この事故が起きたのはまさに（　　　）、にわか雨が降り始め、あたりが急速に暗くなり始めた冬の夕暮れでした。スピードを落とし始めた前の車が見えなかったのでしょうか。あるいは、家路を急ぐばかりにドライバーは（　　　）ていたのでしょうか。ワゴン車と（　　　）に衝突し、その弾みで乗用車が川に転落しました。事故の詳細は捜査中ですが、この事故はドライバーにとってこの時間帯が（　　　）も油断がならないことを教えてくれます。
　今日は、12月24日。街はクリスマス・イブでお祭り気分に（　　　）ています。たとえ前の車がのろのろ運転していても、無礼な車線変更をしても、決していらいらしないでください。

　　　　［逢魔が時　片時　気が立つ　出合い頭　時も時　沸き立つ］

Ⅴ. 次の（　　）の中に適当な言葉を入れてください。
1. 被告は「魔が（　　　）」というが、被告の常軌を（　　　）ような執拗な犯行は、それでは済まされない。
2. 交渉事は、時には高飛車に（　　　）こともなければいけないとは常々言われていることだが、今度も相手の態度に出鼻を（　　　）、相手のペースに乗ってしまった。
3. 自軍の平均年齢の高さに、あまり勝算は（　　　）と思っていたが、あろうことか圧勝した。我がチームもまだまだ捨てたもの（　　　）と思った一戦だった。

第7課

Ⅰ．下線部と近い意味になる四字熟語を下から選んで書き入れてください。

1. 「思い立ったが吉日」とばかりに、後先を考えずにすぐに行動を起こしてしまうのも考えものだ。
   □□□□

2. 大差をつけられ、選手たちがあきらめムードのなか、彼だけが挽回しようと頑張っている。
   □□□□

3. A社の社長は、何を提案しても容易にうんと言ってくれず、手強いことで有名なのに、彼はどんな手を使ったのか契約を取り付けてきた。
   □□□□

　　　　　　［孤軍奮闘　　勇猛果敢　　猪突猛進　　難攻不落］

Ⅱ．下線を引いた慣用的な表現の意味に、最も近いものを選んでください。

1. 先輩は、時には人目につかぬように、また時には公然と、苦境に立った私を庇ってくれた。
   　　　　［陰になり日向になる　　陰に回る　　陰日向がある］

2. 弁護人が、事件の真相を明らかにする重要な事実を指摘したため、裁判は急展開を迎えた。
   　　　　［楽屋裏を覗く　　核心を衝く　　活路を開く］

3. 人気スターの結婚式だけあって、政財界の有名人はもとより華やかな衣装を身にまとった芸能界の人々が大勢集まって、賑やかな会となった。
   　　　　［綺羅星のごとく　　漁夫の利　　恋の鞘当て］

4. 君のアイディアは買っているが、いつも実行には移すのだが、人に先を越されるその行動力のなさが問題だよ。
   　　　　［気合負けする　　後手に回る　　気後れする］

Ⅲ．下線を引いた慣用的な表現の意味を書いてください。

1. 平社員という立場もわきまえず、経営会議で正面から会社の経営方針を批判し、社長の逆鱗に触れた。
   →

第7課

2. くれぐれも相手を舐めてかからないように。窮鼠猫を噛むという通りで、案外、彼らの抵抗は手強いかもしれないぞ。
 →

3. 親元を飛び出しても、何とか一人でやって行けるだろうと、郷里の先輩を頼って上京したが、けんもほろろに追い返された。
 →

IV. (　)の中に下から適当な言葉を選んで入れてください。必要な場合は、ことばの形を変えてください。

　明日は刑期を終え、晴れて出所の日を迎える。4年の刑期を終えて、明日から新しい人生を生きてみようという気になっている。
　観念して出頭しようと決めたのは、ちょうど5年前だった。それまでは、何人もの子分を(　　　)て、詐欺に窃盗、傷害と、あらゆる罪を重ねてきた。しかしながら、還暦を過ぎると、仲間が一人二人と離れていき、「悪銭身につかず」で気がつくと(　　　)になっていた。
　出頭する前、最後の最後、親の顔を見ようと久しぶりに故郷に帰ったときには、老いた父親に「家族の(　　　)が」と面罵され、(　　　)で実家を後にした。
　出頭後、今までの犯罪を(　　　)自白した。その自供がもとで、(　　　)に昔の仲間が逮捕された。みんなは恨んでいると思うが、ここを出たら、一人一人消息を尋ねてみよう。昔のように集まって、今度は何か社会に恩返しできればいいのだが。

　[顎で使う　洗いざらい　芋づる式　素寒貧　面汚し　ほうほうの体]

V. 次の(　)の中に適当な言葉を入れてください。
1. 半年の間あれほど根を(　　　)仕上げた仕事の報酬が、たったこれだけでは、とても帳尻が(　　　)と思って、発注者にクレームを出した。
2. 会社の偽装事件の記者会見で、執行部は会社の不祥事を闇から闇に(　　　)としたことを指摘されて、返答に(　　　)いた。
3. ここの店長さんは、とても物腰が(　　　)て、大人しそうに見えるけれども、経営者としてはしっかりと筋が(　　　)人で、上からは信頼を得ている。

第8課

Ⅰ．下線部と近い意味になる四字熟語を下から選んで書き入れてください。

1. どんなに時間をかけてやった仕事でも、<u>最後の仕上げ</u>が十分でなければ、評価はされない。

   ☐☐☐☐

2. 戦況は時間とともに、<u>さまざまな局面を見せる</u>ことになり、マスコミの報道は、どれもこれも混乱を極めている。

   ☐☐☐☐

3. 教育問題は、<u>時代に合わせた側面と本質的に変わらない側面</u>の両方を見据えて考えられなければならない。

   ☐☐☐☐

　　　　　　　［波瀾万丈　　不易流行　　千変万化　　画竜点睛］

Ⅱ．下線を引いた慣用的な表現の意味に、最も近いものを選んでください。

1. どんな前評判が取り沙汰されていようが、勝負の行方はみずもので、<u>最後の結果が出る</u>までは分からない。

   　　　［下駄を預ける　　下駄を履く　　下駄を履かせる］

2. 学校教育をとやかく言う人がいるが、なんと言おうが子どもの躾が親の責任であることは、<u>議論するまでもない</u>ことだ。

   　　　［言を俟たない　　名状しがたい　　言を左右にする］

3. <u>良い時やうまく行きそうなことは、とかく問題が起きやすい</u>から、事業が順調な時ほど不測の事態に備えた危機管理が必要だ。

   　　　［功罪相半ばする　　後悔先に立たず　　好事魔多し］

4. たった一枚の見舞いのカードだが、入院している僕にとっては、それだけで<u>真心が十分に伝わる</u>ものだ。

   　　　［気は心だ　　気を良くする　　気を許す］

Ⅲ．下線を引いた慣用的な表現の意味を書いてください。

1. 祖父危篤の知らせを受け、旅先から急遽取るものも取りあえず<u>踵を返す</u>ことになり、大変だった。

   →

第8課

2. 5月1日のメーデーでは、労働者たちが口角泡を飛ばして、賃上げを訴えながら、デモを行った。
　→

3. 消えた年金問題に対して、大臣の首をすげ替える処置がとられたが、そんな小手先の解決策で、国民の不満が収まるはずがない。
　→

IV. (　)の中に下から適当な言葉を選んで入れてください。必要な場合は、ことばの形を変えてください。

　「彼はドラフト1位で我が球団が獲得して以来18年間、この球団を愛し、この球団のために働いてきてくれた(　　　)の選手ですよ」。監督は、もはや選手生命の消えかかった、来年40歳を迎える僕の契約延長のために球団会長に直訴してくれた。
　「なるほど。彼は君の(　　　)というわけか」。監督の説得に(　　　)会長はなんとか僕の契約更改に応じてくれたらしい。「やったぞ」という監督の顔には、自分の(　　　)に間違いはなかった、来年の実績で証明してくれ、という色が滲んでいた。
　しかし、近年、高校時代からマスコミにもてはやされ続けて大学卒業後に(　　　)で入団する選手や、僕とほぼ同じ年齢でも年間200本安打を達成し続ける(　　　)の選手もいる。来年は、勝負の年になるだろう。
　　　［筋金入り　鳴り物入り　生え抜き　秘蔵っ子　ほだす　見立て］

V. 次の(　)の中に適当な言葉を入れてください。
1. たまたま同じ制服を着た集団がスーパーで万引きをしたことから、僕まで巻き添えを(　　　)、店員に難癖を(　　　)られた。
2. 出会いから結婚までとんとん拍子に(　　　)、四十歳まで独身を通した彼は、有頂天に(　　　)いるが、これからが大変だ。
3. 会社に検察の捜索が入ったときのどさくさに(　　　)、物を盗むなんて許せない奴だと、社長は語気を(　　　)。

第9課

Ⅰ．下線部と近い意味になる四字熟語を下から選んで書き入れてください。

1. 逮捕寸前に取り逃がした犯人の検挙に向けて、警察はなんとか汚名を返上しようと、各署の手が空いている人員全てを投じる策に出た。
   ☐☐☐☐

2. 最近の日本の首相は誰もかれも在任期間が極めて短いので、日本政府に対する各国の不信感は、拭い切れないところまで来ている。
   ☐☐☐☐

3. 時流に乗ってIT業界のトップに立ったS社だったが、今では後進のライバル社にトップの座を譲ったばかりか、倒産寸前の状況だという。
   ☐☐☐☐

　　　　　［三日天下　　玉石混交　　人海戦術　　栄枯盛衰］

Ⅱ．下線を引いた慣用的な表現の意味に、最も近いものを選んでください。

1. 彼女は重い口を開くと目を潤ませながら、ぽつりぽつりと悲しそうな調子で父親の病状を語り始めた。
   　　　　［声を曇らす　　声を落とす　　声を作る］

2. 失職後は、パートの仕事で収入といえるものがほとんどなく、その日その日をやっと食いつないでいる。
   　　　　［虎口を逃れる　　嘴を入れる　　糊口を凌ぐ］

3. 初心者にも理解しやすいようにあれこれと気を配って、簡単に説明するようにした。
   　　　　［心を砕く　　心を澄ます　　心を寄せる］

4. 昭和の巨星とまで言われた大物俳優が逝去して1年が経つ。彼のことが人々の話題になることも少なくなった。
   　　　　［口を添える　　口にのぼる　　口を割る］

Ⅲ．下線を引いた慣用的な表現の意味を書いてください。

1. 社長の権威を笠に着たやり方は、社内だけではなく、取引先の人たちの間でも悪評を買っている。
   →

第9課

2. 私も結婚したからには、御多分に洩れず、休日は家事や育児など家族サービスをしている。
   →

3. 部下を持つ身になっているのに、会議であんな感情的な発言をするとは、君もまだまだ嘴が黄色いな。
   →

IV. (　)の中に下から適当な言葉を選んで入れてください。必要な場合は、ことばの形を変えてください。

　　日本人にとっては、(　　　)としか思えないような話が海外にはある。たとえば、フィリピンの結婚式がそれだ。主役は新婦ただ一人で、この日ばかりはお姫様かと(　　　)ほどの振舞だ。新郎の役割といえば、披露宴の列席者がワイングラスをフォークでチンチンと鳴らし、新郎新婦のキスを求めるのに応じて新婦にキスをするぐらいで、新郎にするとまったく(　　　)扱いだ。客がチンチンとやれば、新郎は(　　　)、キスをせざるを得ない。
　　宴がクライマックスを迎えると、ダンスの時間だ。新婦は自分や新郎の父親と、新郎も同じく自分と新婦の母親とダンスをする。日本人が新郎である場合ほど滑稽なことはない。自分の母親とダンスする姿は、お互いがお互いを(　　　)て、なんとも(　　　)な具合だ。ダンスが終わると、新郎新婦の衣装には、紙幣が取り付けられている。日本のご祝儀に比べると、実におおらかな習慣だ。

　　　[有無を言わず　蚊帳の外　場違い　眉唾もの　見紛う　もてあます]

V. 次の(　)の中に適当な言葉を入れてください。

1. 「そうですかね」「それもそうですが」と、彼の謎を(　　　)ようなもの言いは、同僚の間でも不評を(　　　)ている。

2. 「もう世話にならないよ」と憎まれ口を(　　　)ばかりなのに、「学費が足らないから...」と親に頼まざるを得なくなって、ずいぶんバツの(　　　)思いをした。

3. 仲間の尻馬に(　　　)、あることないこと口裏を(　　　)て嘘をついていたが、警察には簡単に見破られてしまった。

第10課

Ⅰ．下線部と近い意味になる四字熟語を下から選んで書き入れてください。

1. どんな分野でもそこそこの成果を上げた割には、大きく評価されることもなく亡くなった父は、自分の人生をどう思っていたのだろう。
   ☐☐☐☐

2. 母に、もう少し物事を柔軟に考え、余裕をもって対応しないと、人の上に立つ仕事はできないと言われた。
   ☐☐☐☐

3. 「近頃の若い者は」とよく言われるけれども、中には勉強だけかと思うと運動にまで長けている優秀な者がままいる。
   ☐☐☐☐

　　　　［器用貧乏　　才色兼備　　文武両道　　四角四面］

Ⅱ．下線を引いた慣用的な表現の意味に、最も近いものを選んでください。

1. 教室で高級時計が紛失した際、いつもふざけて人の物を使っていた僕が疑われて、未だに犯人だと思われている。
   ［泣き言を言う　　二の足を踏む　　濡れ衣を着せる］

2. たかしは、親友だと思って教えた秘密を他人の前で暴露されたことを未だに恨みに思っている。
   ［根に持つ　　根が生える　　根も葉もない］

3. いつもは大声で走り回る息子も、家庭訪問の先生がいる間は別人のように大人しくしていた。
   ［猫可愛がりする　　猫を被る　　猫の子一匹いない］

4. 高校生の時はアイドルの追っかけで、西へ東へと走り回っていたが、大学生になるとすっかり興味がなくなった。
   ［熱に浮かされる　　熱が冷める　　熱をあげる］

Ⅲ．下線を引いた慣用的な表現の意味を書いてください。

1. 故郷に錦を飾るまでは決して故郷の土は踏まないと決心をして、東京に来た。
   →

第10課

2. バイオリンもピアノもと、両方で一流になろうと挑戦したが、結果は二兎を追う者は一兎も得ずだった。
→

3. 店の金を使い込んだことがばれた後の店長は、その態度から盗人猛々しいと言われている。
→

IV. （　）の中に下から適当な言葉を選んで入れてください。必要な場合は、ことばの形を変えてください。

外国人が韓国のバスに乗るには（　　　）の覚悟が必要だ。
そもそも韓国の公共交通機関というのは運転手優位で、タクシーも行き先が運転手の気に入らなければ乗車拒否。乗客のことなど二の次である。バスも（　　　）。とにかく、ものすごいスピードでバス停に来る。バスに書かれている行き先を確認し、即座にそのバスに手を挙げて止めなければならない。日本のように、バス停で停まったバスに「いいえ、私が乗りたいのはこのバスではありません」と手を振ったりするような（　　　）やりとりは考えられない。私のようにハングルの苦手な外国人は、何度か挑戦するが最後には（　　　）られ、バスをあきらめるのが落ちだ。
バスに乗らなくなった私を（　　　）に思ったのか、友人の朴さんが考えてくれたのは、行き先を書いた紙を持って運転手に見せるようにする（　　　）のバス止め作戦。しばらくこれを続けて、やっとバスに乗れるようになった。
もう十数年前になる、韓国留学時代の、昔懐かしい思い出だ。

　　　　　［新手　然り　捨て身　不憫　辟易する　悠長な］

V. 次の（　）の中に適当な言葉を入れてください。

1. 彼はその居酒屋で居合わせた客とささいなことで口論になり、ぐうの音も（　　　）ほど殴られながらも、最後まで悪態を（　　　）ことをやめなかった。

2. 「最後には、これまでやってきたことが物を（　　　）から、自信を持って」と監督はロッカールームで言った。全国大会出場をかけた最終戦。僕たちの努力の真価が（　　　）一戦だ。

3. 入団以来目を（　　　）てやっただけのことはあり、彼のここ数年の成績には目を（　　　）ものがあり、今や海外のチームからもスカウトが来るようになった。

第11課

Ⅰ．下線部と近い意味になる四字熟語を下から選んで書き入れてください。
1. 我が社が求める人材は勤勉でかつ心身ともに強くたくましい健康的な若者だ。
□□□□

2. 我が社では、お客様のことを第一に考え、親切にそして真面目な気持ちで対応することを心がけております。
□□□□

3. 我が国の代表チームは主力選手が怪我のため欠場するという不利な状況にもかかわらず、不正なことはせず立派に戦い、観客を感動させた。
□□□□

　　　　　［正正堂堂　　質実剛健　　品行方正　　誠心誠意］

Ⅱ．下線を引いた慣用的な表現の意味に、最も近いものを選んでください。
1. 帰国子女が多いこの学校では、学生のほうが教師の私より英語の発音がよく、私は居心地が悪くて仕方ない。
　　　　　［立つ瀬がない　　立つ鳥跡を濁さず　　立て板に水を流す］
2. 私の上司は、部下からの信頼が厚い。しかし、少し短気なのが唯一の欠点だ。
　　　　　［玉の汗　　玉に瑕　　玉の輿］
3. 円高で外国の車が以前より安く手に入るようになったとはいえ、安月給の私にとっては手の届かない憧れのものだ。
　　　　　［高嶺の花　　高みの見物　　高飛び］
4. 指導が厳しくて有名な演出家は、その評判通り役者らに何度も注意を与え、やり直しをさせた。
　　　　　［駄目で元々だ　　駄目を押す　　駄目を出す］

Ⅲ．下線を引いた慣用的な表現の意味を書いてください。
1. 竹を割ったような性格の彼女は、親分肌でもあり、彼女の周りにはいつも多くの友達がいる。
→
2. かの有名な料理評論家が日本一の味だと太鼓判を押したレストランに行ってみた

第11課

が、味はいまひとつだった。
→

3. 彼が会議で敬遠されるのは、屋上屋を架すような議論ばかりするからだ。
→

IV. （　）の中に下から適当な言葉を選んで入れてください。必要な場合は、ことばの形を変えてください。

　前回のプロジェクトで大きな失敗をし、すっかり信頼を（　　　　）結果となったA部長は、責任ある地位にある者としては、なんとしても信頼を取り戻すことが何よりも今、求められることだった。

　そんな事情から、昨日行われた社長同席での新規のプロジェクト検討会では、その真剣な目は、企画室で映し出されている画面に（　　　　）になっていた。新プロジェクト案のプレゼンテーションが終ると、隣に座る課長に「この分野は、君の課でも（　　　　）経験のある分野だな。他の部も手を挙げるかもしれないが、何があっても君の課が引き受け、我々の手でやるようにしてくれ。相手がどんな計画を持ち出すか分からないが、（　　　　）はいらない。とにかく、どんな手を使ってでも、君の課で関わるようにしてくれ」と、周りを気にして（　　　　）ような声で伝えた。課長には、新プロジェクトの内容いかんよりも、今や（　　　　）状況に立たされた自分の立場を何とかしようという部長の姿がやや哀れに映った。

　　　［いささか　押し殺す　釘付け　損なう　手加減　のっぴきならない］

V. 次の（　　　）の中に適当な言葉を入れてください。

1. 負けを認めず「体調が悪かった」と減らず口を（　　　）相手に、「これで優劣は（　　　）な」と冷たく言い放った。

2. 一見そつが（　　　）ように見えたが、段々相手の様子が知れると、そうでもないと思えてきたので、頃合を（　　　）商談を切り上げた。

3. 先方は、「そうなると御社とのお付き合いも...」と、まるで相手の弱みに（　　　）ように、つべこべ（　　　）に契約しろといった話しぶりになった。

第12課

Ⅰ．下線部と近い意味になる四字熟語を下から選んで書き入れてください。
 1. 彼は、専門分野に限らず、ありとあらゆることに詳しく、能力も秀でているが、社交性に欠けるところがある。
   □□□□
 2. 後の日本に欠かせない人物となった彼は、「仲間たちと休むことなく学業に励んだからこそ、今の私がある」と書き残している。
   □□□□
 3. 夫婦生活も長くなると、今晩食べたいなあと思っていると、それがテーブルに出るようになるという。
   □□□□

　　　　　　　[以心伝心　　言行一致　　切磋琢磨　　博学多才]

Ⅱ．下線を引いた慣用的な表現の意味に、最も近いものを選んでください。
 1. 近所の人は、家族を傷つけないように気を使ってくれていたが、娘の嫌な噂が思わぬところから私たちにも聞こえてきた。
　　　　　[耳に入る　　耳がけがれる　　耳を疑う]
 2. 息子が家出して音信不通になって以来、母はいつも心配そうな顔で考え込んでいる。
　　　　　[眉に唾を付ける　　眉を曇らせる　　眉を吊り上げる]
 3. 父親の後を追うようにして母親も亡くした彼女は、これ以上の悲しみはないといった様子で声を上げて泣き続けた。
　　　　　[胸が一杯になる　　胸を打つ　　胸が張り裂ける]
 4. どんなに時間をかけて決めたことでも、A部長は「納得がいかない」と何かと注文をつける。
　　　　　[横槍を入れる　　油断も隙もない　　読みが深い]

Ⅲ．下線を引いた慣用的な表現の意味を書いてください。
 1. 周りを固めて、準備周到で踏み込んではみたものの、犯人のアパートはすでに蛻の殻だった。
　　→

第12課

2. 雨のなか、駅へ迎えに行ったら、娘は友人の車で送ってもらっていたらしく、まったく無駄骨を折った。
   →

3. その道のプロを集めた公演という触れ込みだったが、世界を舞台に活躍を続けるAの姿は、やはり水際立っていた。
   →

Ⅳ. (　)の中に下から適当な言葉を選んで入れてください。必要な場合は、ことばの形を変えてください。

　市民を啓発するため恒例となった『自然を考える』の研修会に、今回招かれた講師は、四十(　　)の穏やかそうな男性だった。二十年近くもあるNPOの代表を務めてきたというだけあって、いったん話し始めると(　　)水を得た魚。その場は、この講師氏の(　　)である。自らの経験を面白おかしく織り込みながら、それでも要所要所に自然保護運動の大切さを訴える。その(　　)話しぶりに、いつもとは違って、当日の満員の会場は、私語をする者も、途中で席を立つ者もいなかった。

　「私のつたないお話で...」と始まった講演の結びでも、「自然保護への私たちの取り組みがいかに大切か、その一端でもご理解いただけましたら、私としては(　　)の喜びです」と聴衆にお礼を言ったあと、連絡先のアドレス、会費、月例会の内容の紹介と、会員への勧誘にも(　　)熱意を見せた。

　　　[～がらみ　さながら　如才ない　独壇場　並々ならぬ　望外]

Ⅴ. 次の(　)の中に適当な言葉を入れてください。
1. 呼びつけられたのになかなか面会してもらえないAさんは、事務所の中で間が(　　)といった様子で時間を潰していた。直接社長室へ行くように言ったが、それもあまり気が(　　)ようで、動こうとしなかった。
2. 会長は、つい今しがたまで怖い顔をして私を睨みつけていたのに、孫が顔を見せた途端に相好を(　　)て、満面の笑顔になった。私もそれまでの緊張がいっぺんに(　　)思いがした。
3. 「もう二十歳なんだから、もうすこし分別の(　　)行動をしてもいいのでは」と、先生は、眉根を(　　)、いつもと同じことをおっしゃった。

第13課

Ⅰ．下線部と近い意味になる四字熟語を下から選んで書き入れてください。
1. 他人から学ぶ方法はさまざまで、人の様子を見ながらあんなことはしないように気をつけようと相手を悪い見本として学ぶ方法もある。
   ☐☐☐☐

2. 昔の人の知恵や伝統をしっかり学んで、それを基礎に新しいことを学ぶという姿勢を忘れてはいけない。
   ☐☐☐☐

3. 課長は人当たりがよく、営業の才能も豊かだが、なんでもはいはいと人の意見に従ってしまうので、部下の信頼が得られない。
   ☐☐☐☐

　　　　　　　［責任転嫁　温故知新　唯唯諾諾　反面教師］

Ⅱ．下線を引いた慣用的な表現の意味に、最も近いものを選んでください。
1. 上司に食事に招待されたが、雰囲気が固くて落ち着けず、ゆっくり味わえなかった。
   　　　　　　［息が合う　息が上がる　息が詰まる］
2. どうにもできない状況になっていたが、先生の一言でまたやる気になった。
   　　　　　　［息を呑む　息をひそめる　息を吹き返す］
3. 誘われたけれども、あまりその方面の知識がないので、遠慮が先に立ってすぐに参加の返事ができなかった。
   　　　　　　［気が引ける　気が抜ける　気が大きくなる］
4. 取り引き先にも社会的な立場があるので、それを保つことができるように取り引きを進めた。
   　　　　　　［顔を立てる　顔を潰す　顔が利く］

Ⅲ．下線を引いた慣用的な表現の意味を書いてください。
1. 入社二年目の若造が会社の経営に口を出すなんて、片腹痛いと思って相手にしなかった。
   →

第13課

2. これは「足が早いからすぐに処理するように」と言われて、すぐには意味が分からなかった。
→

3. お金を借りるときは、あんなに何度も我が家にやって来ていたのに、いざ返済となると、全く梨の礫だ。
→

Ⅳ. (　)の中に下から適当な言葉を選んで入れてください。必要な場合は、ことばの形を変えてください。

　菖蒲園の美しさが、寺を訪れた人たちの(　　　)になるほど素晴らしい寺があると友人から聞いていた。(　　　)ことから、先日その寺を訪れることができた。というのは、前の出張のとき、取引先との話し合いが思わず早く片付いたからである。友人の話を突然思い出して、例の寺はこのあたりだったはずだがと(　　　)で小路を辿ると、その奥に目指す寺があった。山門に着くと思ったより閉山時間が早く、(　　　)のところで入山を断られるところだった。
　数え切れないほどの花が美を競う菖蒲園は、噂に違わず素晴らしいもので、思い付きではあったが来て良かったと思わせるに十分だった。ただ、どこにも(　　　)ことをする(　　　)はいるようで、いたずらなのか隠し持って園を出たのか、何本かの花が切り取られているのを目にしたときには、紫の競演を見て心を洗われる思いに冷や水を浴びせられたような気がした。

　　［当て推量　語り草　間一髪　心ない　手合い　ひょんな］

Ⅴ. 次の(　)の中に適当な言葉を入れてください。
1. 倒産してもおかしくないような会社なのに、社長の羽振りが(　　　)のはどうしてだろうか。どう考えてみても、合点が(　　　)。
2. このままでは、他の社員にしめしが(　　　)と思って注意をすると、その社員は反省の態度を見せるどころか、険の(　　　)表情で私を睨み返してきた。
3. 素人の作品ではあるが、その味わい(　　　)作風は、プロの作品に引けを(　　　)と高い評価を受けた。

第14課

I. 下線部と近い意味になる四字熟語を下から選んで書き入れてください。

1. 内偵を続け証拠を固めた警察は、現場に踏み込み、容疑者全員を検挙するに至った。
   □□□□

2. 新規の計画について、営業担当者の間で相手を打ち負かそうとするほどの激しいやり取りがあった。
   □□□□

3. 社長の唯一の欠点は、時々、相手の意見を聞こうとする姿勢も見せず、会議を進める点だ。
   □□□□

   ［打打発止　一網打尽　傍若無人　問答無用］

II. 下線を引いた慣用的な表現の意味に、最も近いものを選んでください。

1. この不況に立ち向かうためには、もう一度事業の基礎をしっかりさせることだ。
   ［足場を固める　足元を掬う　足を取られる］

2. なんとか次のガソリンスタンドまで辿り着いたが、大雨の中でガソリンが切れそうになって、どうなることやらと恐ろしい思いをした。
   ［肝に銘じる　肝をつぶす　肝を冷やす］

3. 銀行からの借金が期日までに返済できず、どうにも経営を続けることが難しくなった。
   ［首が回らない　首を傾げる　首を捻る］

4. Aさんの作品のあまりの素晴らしさに、専門家までが驚いて言葉も出ないほどだった。
   ［舌を打つ　舌を鳴らす　舌を巻く］

III. 下線を引いた慣用的な表現の意味を書いてください。

1. ずいぶん準備して参加したつもりだったが、結局は相手に言い含められ臍を噛む思いをさせられた。
   →

第14課

2. あの二人を見ていると、「痘痕も笑窪」は真実だなと思うよ。「負けん気が強いところがいい」とはね。
→

3. 長引く不況で退職金が減額され、定年後の青写真が完全に狂ってしまった。
→

IV. （　）の中に下から適当な言葉を選んで入れてください。必要な場合は、ことばの形を変えてください。

　本社からそれほど離れていない地方都市に五店目の支店を出すことになった。本社のやり方をそのまま持って行ってもなかなかうまくいかないことは、これまでの経験から痛いほど知っていたので、代々この地の商売を（　　）という旧家永野家の十代目当主にお目にかかった。
　支店を開くにあたって何かアドバイスをいただけないかと問う私に「（　　）で勝負をしないことですよ」と返ってきた。今ひとつ理解できなくて（　　）顔をする私に、「（　　）私たちの仕事は、お客様に喜んでいただいて、その見返りにお足をいただくこと。無理をして同業者をやり込めてまで儲けるような商売をしないことです。そんなことをすれば、（　　）店をたたむことになるでしょう。お客様にも同業者にも、みんなに喜んでいただけること、それが一番ですよ」
　（　　）返って来た返事だったが、ずいぶん奥の深いアドバイスをいただいたと感謝をして、永野家を後にした。

　　　　［牛耳る　怪訝な　事も無げに　所詮　早晩　力ずく］

V. 次の（　）の中に適当な言葉を入れてください。
1. もう十年以上も前のことなのに、ゴミ処理場建設でのいざこざが忘れられず、A町は今でも隣町と火花を（　　）関係だ。なんらかの手立てを（　　）なければいけない。
2. 彼の発言にも、一理（　　）と思うのだが、なにせ協議の初めから相手方が臍を（　　）しまっていて、どうにも話が進まない。
3. 実家の倒産、姑の介護、夫の失業など周囲に振り回されて、気が（　　）暇もない。もしかしたら、ここ数年私の星回りが（　　）のだろうか。

第15課

Ⅰ．下線部と近い意味になる四字熟語を下から選んで書き入れてください。
1. あれだけ羽振りの良かった会社が倒産したと聞いて、<u>どんなことでも同じ状態が無限に続くことはない</u>のだと改めて思った。
   □□□□

2. 発表は来週だとは知っていたが、待っている時間が<u>まるで無限に続くと思えるほど</u>に長かった。
   □□□□

3. 最高裁は、検察側が述べる立件理由のどれ一つ取ってみても、<u>証拠として証明できる事はない</u>として控訴を棄却した。
   □□□□

　　　　　　［一日千秋　　事実無根　　喧喧諤諤　　諸行無常］

Ⅱ．下線を引いた慣用的な表現の意味に、最も近いものを選んでください。
1. 劣勢のチームが、金にあかして有力選手を集めた相手チームに勝って、<u>油断していた相手をあっと言わせる</u>結果となった。
   　　　［鼻で笑う　　鼻であしらう　　鼻を明かす］
2. 横でお茶を飲んでいた同僚が、何気ない風を装いながらも、私たちの<u>話を聞こうと必死になっている</u>のが分かった。
   　　　［耳にとまる　　耳を貸す　　耳をそばだてる］
3. 部長は、<u>目つきでそれとなく気持ちを伝え</u>社員たちの無駄口を制した。
   　　　［目を細くする　　目を光らす　　目に物言わす］
4. 鈴木部長は、就任初日から、部下からの突き上げや取引先からのクレーム続きやらで、<u>何から手をつけようかと大慌て</u>していた。
   　　　［目を白黒させる　　目を止める　　目を盗む］

Ⅲ．下線を引いた慣用的な表現の意味を書いてください。
1. <u>噛んで含めるように</u>言って聞かせたのに、A君はやはり同じ失敗を繰り返した。
   →
2. もう三度目の転職だから、今度こそは<u>腰を据えて</u>頑張って欲しいとアドバイスし

第15課

た。
→

3. 彼の<u>堂に入った</u>手つきを見て、とても初めてには思えなかった。
→

Ⅳ. (　)の中に下から適当な言葉を選んで入れてください。必要な場合は、ことばの形を変えてください。

　何の(　　)もないまま師匠に頭を下げ続け、なんとか弟子にしてもらったという陶芸家が、(　　)に努力を続けた結果、文化勲章を受けることになったというニュースが世間の耳目を集めた。
　師匠の家に住み始めた頃は、師匠自らが作品作りの(　　)をしてくれることなどなく、「私の陶芸家としての腕は(　　)だった」。することと言えば、師匠の家の掃除、洗濯、そして師匠にお供して買い物に行っての荷物持ち。たばこを手にした師匠の前に(　　)ライターの火を差し出したり、のどが渇いたと言う師匠に「熱くもぬるくもない師匠好み」に淹れたお茶を出すのでなければ、「出て行け」と怒鳴られたという。師匠が亡くなり、五十をいくつか越して自分の窯を持つまでは、「(　　)気の休まることがなかった」と言う受賞者のインタビューを見て、今の時代何かが欠けているなと思った人は少なくなかったと思われる。

　　　　［一途　後ろ盾　からっきし　すかさず　ついぞ　手ほどき］

Ⅴ. 次の(　)の中に適当な言葉を入れてください。
1. いつになく真剣な面持ちで話す先生の姿に、こちらも身じろぎひとつ(　　)で、居住まいを(　　)て話を聞いた。
2. いつもとは打って変わって真剣な表情で、身の置き所も(　　)ような彼の様子に、どんな大ごとが起こったのだろうと訝しく(　　)。
3. 彼があんな大企業に就職できたのは、知っている人に口利きを(　　)もらったのだろうと、仲間たちは噂話に余念が(　　)。

第16課

I. 下線部と近い意味になる四字熟語を下から選んで書き入れてください。
1. K博士の話は、なんとかして理解しようとしても、とりとめがなく、根拠も述べられないので、その意味するところが理解できない。
   □□□□

2. 他人がどんな意見を述べようが、自分の思いを話し続け、それが受け入れられないと席を立つD先生の振舞いは、常識に照らせば言葉にできないほど理解に苦しむ。
   □□□□

3. 昨年は最下位だったにも関わらず、入場行進で胸を張って会場を圧倒するように入って来たHチームに感動した。
   □□□□

［威風堂堂　孤立無援　荒唐無稽　言語道断］

II. 下線を引いた意味に、最も近い慣用的な表現を選んでください。
1. 彼は商売が軌道に乗ってきたのをいいことに、あれもこれもと新しい事業を次々に始めた。
   ［店を広げる　店を張る　店をたたむ］
2. 弟は甘党で、特に饅頭などの和菓子が、三度の飯より好きだと言う。
   ［目じゃない　目がない　目が高い］
3. それまで黙って話を聞いていた部長が突然、怒った表情になった。
   ［眉を寄せる　眉を下げる　眉を上げる］
4. 事故の知らせを聞いた途端、じっとしてはいられなくなって現場に向かって走り出した。
   ［矢を向ける　矢も楯もたまらない　矢の催促をする］

III. 下線を引いた慣用的な表現の意味を書いてください。
1. 彼の作文は、ミミズののたくったような字で非常に読みにくかったが、その内容にキラリと光るものがあった。
   →

第16課

2. 電車の中で昨日の悔しさを考え続けていて、ふと<u>我に返る</u>と、終点まで来てしまっていた。
   →

3. 青春時代、<u>胸を焦がす</u>思いをしたあの人も、半世紀ぶりに会ってみるとなんとはない人になっていた。
   →

Ⅳ. (　　)の中に下から適当な言葉を選んで入れてください。必要な場合は、ことばの形を変えてください。

　今度のＡ氏の事件は世間をあっと言わせた。普通の人間には考え及ばないその巧妙な(　　　　)も世間を驚かせたが、何よりも(　　　　　　)の知識人としてマスコミにも度々登場した氏が、お年寄りを狙って大金を(　　　　　)なんて誰も信じられなかった。
　同業者が相手の詐欺なら(　　　　)、経営が(　　　　)になった身内の関係する企業をなんとかしようということが動機だったという。年金生活者なら巧妙に仕組まれた騙しの手口を(　　　　)こともなかろうと弱者に焦点を当てた身勝手な犯罪だった。事件の報道を前にして、厳罰で臨むべきだという思いをもった者が多かったのも肯ける。

　　　［手詰まり　　一角　　ふんだくる　　まだしも　　見破る　　やり口］

Ⅴ. 次の(　　)の中に適当な言葉を入れてください。
1. いつもいつも取引先の言いなりになっていたのでは、わが社の沽券に(　　　　　)という部長の苦言にも、社長は「自然体でいこう」と屈託が(　　　　　)。
2. いくら理路整然と説明しても、初めからこちらの言うことに聞く耳を持たない相手は、あれやこれやとごたくを(　　　　)ばかりで、始末に(　　　　　)。
3. 隙間風が(　　　　)始めた社長と部長の関係をなんとか修復しようと、間に入った課長は、あれやこれやと助け舟を(　　　　)が、功を奏することはなかった。

第17課

Ⅰ．下線部と近い意味になる四字熟語を下から選んで書き入れてください。

1. 大学二年生のときに、アメリカのプロフットボールチームから誘いを受けた。ずいぶん悩んだが、めったにないチャンスだと思って、思い切って渡米することにした。

2. 彼は地元の有力者の娘と結婚すれば、地位と財産の両方を一度に手に入れることができると目論んでいる。

3. 末の子が大学を卒業したと思ったら、上の子が仕事を辞めたいと言い出す。ホッとしたと思えば心配させられる。親稼業も大変だ。

　　　　　　［一心同体　　悲喜交交　　一挙両得　　千載一遇］

Ⅱ．下線を引いた意味に、最も近い慣用的な表現を選んでください。
1. 時間は人間の都合に関係なく過ぎ去っていくものなので、ダラダラして時を無駄に過ごしてはいけない。
　　　　　　［歳月人を待たず　　光陰矢の如し　　時は金なり］
2. 頭脳流出が止まらない。流れを止めるためになんとかするのでなければ国家の大損失だ。
　　　　　　［策士策に溺れる　　策を講じる　　策を弄する］
3. 彼女は、エリート官僚のプロポーズを蹴って、無名の陶芸家と結婚した。
　　　　　　［袖を通す　　袖を分かつ　　袖にする］
4. 経営が行き詰まったが、どんな犠牲を払っても倒産するわけにはいかないので家宝の骨董を売りに出すことにした。
　　　　　　［寝食を忘れる　　背に腹は替えられない　　神経を尖らす］

Ⅲ．下線を引いた慣用的な表現の意味を書いてください。
1. 昔から世間の口に戸は立てられぬというが、なんとしてもこの顛末だけはここで留めておかなければならない。
　　→

第17課

2. 家族は心配性だと笑っているけれど、私は家族のためを思えばこそ、黙々と「備えあれば憂いなし」を実践している。
   →

3. 第二の人生どころか、定年退職を迎えると同時に、妻に財布の紐を握られる生活が待っていた。
   →

Ⅳ. (　)の中に下から適当な言葉を選んで入れてください。必要な場合は、ことばの形を変えてください。

　「年の功」という言葉を、今度ほど思い知らされたことはなかった。「私たちは困った人たちのために」の(　　　)で寄付を頼まれたものだから、ついつい住所と名前を知らせてしまった。相手がはじめから私を(　　　)つもりで、上手に(　　　)をしていたことにもっと早く気づくべきだったのに、私が(　　　)だった。

　母は、「人助けを口にする人とは、よくよく気を付けて付き合わなければ。そうした態度をとる人は(　　　)心の中で、なんとか金をむしり取ろうという人が多い」とよく言っていた。寄附行為を(　　　)母に対する反発もあったには違いないのだが、口車に乗せられたばかりにのっぴきならない状況に追い込まれて、とうとう合法的に大枚を吐き出させられることになってしまった。「年の功」は侮れない。

　　　[一点張り　迂闊　押し並べて　駆け引き　カモにする　毛嫌いする]

Ⅴ. 次の(　)の中に適当な言葉を入れてください。
1. 御社のために我が社も大きな犠牲を払ってと、いかにも恩着せ(　　　)セールスを続ける若者に、穏やかな課長もとうとう青筋を(　　　)怒鳴り出した。
2. 少し酔いが回ったのかA君は、「ふるさと」を気合いを(　　　)歌っていた。故郷を出て20年だという。里心が(　　　)のに違いない。
3. マスコミの恨みを(　　　)政治家のAは、それ以来マスコミを恐れ、記者会見の席でも「あのう、そのう」と言葉を(　　　)ようになった。

第18課

Ⅰ．下線部と近い意味になる四字熟語を下から選んで書き入れてください。
1. 彼は、どんな困難にもひるむことなく最初に抱いた理想や目標を貫く決意で挑んだ。
   □□□□

2. 力士Ａは、どんな困難に出合ってもひるまず、そしてくじけない精神でついに平成の大横綱と呼ばれるまでになった。
   □□□□

3. いい年をしてこんな馬鹿な真似をするとは、慎重に考え、物事を判断する能力がなさすぎる。
   □□□□

   ［不撓不屈　思慮分別　自由闊達　初志貫徹］

Ⅱ．下線を引いた慣用的な表現の意味に、最も近いものを選んでください。
1. 我が子を自らの手で殺すというなんとも痛ましい事件が起きた。
   ［手に余る　手に掛ける　手に乗る］
2. 大切に大切に育ててきた息子を不慮の事故で失った母親は、心労で病に倒れた。
   ［手塩に掛ける　手が焼ける　手心を加える］
3. 「自慢話のようで申し訳ありませんが」と恐縮しながらも、彼は自分の著書を取りだし、その本の素晴らしさをみんなに説明した。
   ［手前味噌　手付　手抜かり］
4. 政党Ａはこれまで共闘してきた政党Ｂとの関係を解消し、政党Ｃと組み、連立政権を樹立した。
   ［手を拱く　手を切る　手を煩わす］

Ⅲ．下線を引いた慣用的な表現の意味を書いてください。
1. 頑固な彼は、一度言い出したら誰が何と言おうと梃子でも動かない。
   →
2. 政府は、前の内閣と同じ轍を踏まぬよう、新たな経済政策に着手した。
   →

第18課

3. 祖母からは「年寄りの冷や水にならないように」と言われながらも、祖父はボランティア活動に精を出している。
→

Ⅳ. （　）の中に下から適当な言葉を選んで入れてください。必要な場合は、ことばの形を変えてください。

（　　　）ことでは解決しないだろうと思われた二国間の紛争を（　　　）処理した外務大臣は、記者会見で開口一番「今度の件は、（　　　）両国の面子をいかに失わないかということが肝心でした」と、紛争の本題とはあまり関係のないコメントを口にした。
「こういう案件は、お互いが（　　　）てはいつまでも決着がつきません」と続けた外相は、今回のように正論のやりとりが（　　　）案件は、結局は利害を（　　　）することが、お互いの国益になるのです」と、さすがは元商社マンだけあって、その片鱗をうかがわせた。

　　　［折半　そぐわない　角突き合わせる　手際よく　並大抵な　端から］

Ⅴ. 次の（　）の中に適当な言葉を入れてください。
1. ほとぼりが（　　　）までと10年以上も外国に逃亡していた犯人の取り調べは、ベテラン刑事にとってもなかなか一筋縄では（　　　）難題だった。
2. 常に上司をないがしろに（　　　）B係長は、具合が悪いことについては、どんなに詰問されても口を（　　　）で、返答しようとしない。
3. もう会社には何の未練も（　　　）と言っていたAさんは、退社の前の夜、山田課長に向かって「人間らしい生活に戻ります」と捨て台詞を（　　　）そうだ。

第19課

I. 下線部と近い意味になる四字熟語を下から選んで書き入れてください。
 1. 彼がいつも余裕を持った態度でいるのは、誰がなんと言おうとあまり気にすることなく生きているからだろう。
    ☐☐☐☐
 2. 何度もやったことだからと甘く考えて、大失敗をしてしまった。いくら慣れたことでも、気を抜くようなことがあってはいけないと思った。
    ☐☐☐☐
 3. これが今の政治体制のぜい弱さの結果であることは、誰の目から見てもはっきりしている。
    ☐☐☐☐

　　　　　　［明明白白　　馬耳東風　　油断大敵　　羊頭狗肉］

II. 下線を引いた意味に、最も近い慣用的な表現を選んでください。
 1. いつもの時間になっても娘が帰って来ないので、なんとなく心配で落ち着かなく、何度も携帯に電話をした。
    　　　　　［胸がすく　　胸が躍る　　胸が騒ぐ］
 2. 試合観戦中夢中になって、普段ならしないのに思わず大声で叫んでしまった。
    　　　　　［身を乗り出す　　我を忘れる　　羽目を外す］
 3. この新人アーティストをもうご存じとは、さすがに音楽や話芸を聞きつけていることで有名なあなただ。
    　　　　　［耳が早い　　耳を澄ます　　耳が肥える］
 4. 付き合いも無駄遣いも極力抑えて、やっと留学できるだけのお金が貯まった。
    　　　　　［痩せ我慢　　痩せても枯れても　　痩せる思い］

III. 下線を引いた慣用的な表現の意味を書いてください。
 1. 検察は傍証も十分に固めたつもりでいたが、弁護側の鋭い切り込みに、最後は、脇の甘さを露呈することになった。
    →
 2. 関西地区で堅実な業績を上げ続けていたA酒造が、満を持して全国展開の計画

第19課

を発表した。
→

3. 辞めたK部長が身を持ち崩したのは、不景気になっても接待漬けの生活から抜け切れなかったからで、バブル後遺症とでも呼ぶべき悲劇だ。
→

Ⅳ. (　)の中に下から適当な言葉を選んで入れてください。必要な場合は、ことばの形を変えてください。

　草木から取れる自然の色合いをこよなく愛した園山君江は、何の野心もなく見る人の目を見張らせるような織物を物してきた。その結果、まったくのなりゆきで、エコファッション業界の(　　　)と見られるようになった。そんな世間の思惑はどこ吹く風で、君江は業界の(　　　)に囚われることもなく自由に作品を発表し続けてきた。

　ところが、周りから進められて渋々始めたK事務所が、自分では手に負えないほどの大会社に発展するや否や、需要に供給が追いつかず、君江が思い描いた作品づくりとはかけ離れていくようになった。会社経営の(　　　)に立たされ君江は自分の(　　　)を後悔した。そして、これまで彼女の(　　　)で冷や飯を食わされていた同業者たちは、ここぞとばかりに「彼女ができることは、せいぜいあれが(　　　)だ」と、声高に誇り始めた。

　　[勇み足　さきがけ　しがらみ　関の山　瀬戸際　一人勝ち]

Ⅴ. 次の(　)の中に適当な言葉を入れてください。

1. 父は仕事以外のことにはまったく興味を示さなかったが、亡くなる数年前から柄にも(　　　)庭いじりを始め、丹精(　　　)花木を育て始めた。
2. 会長は器量が(　　　)人だと人伝てには聞いていたが、今度の政府との折衝を目の当たりにして、よほど性根の(　　　)人なんだと思わせられた。
3. 昨夜は弔問客の応対で、まんじりとも(　　　)はずなのに、そんな様子は気振りにも(　　　)父の姿に感動した。

第20課

Ⅰ．下線部と近い意味になる四字熟語を下から選んで書き入れてください。

1. 回転寿司は一つの品からの利益は少なくても、数をたくさん売って儲けるビジネススタイルだ。
   ☐☐☐☐

2. 体のどんな部分でも再生できる細胞が作り出されたというニュースは、世界中をあっと言わせるほどの衝撃を与えた。
   ☐☐☐☐

3. 予想もしていなかった賞をもらった作家のM氏は、マスコミからの問い合わせ、駆けつけた関係者に翻弄されて、しばらくはどこで何をしているのかさえ分からない状態だった。
   ☐☐☐☐

　　　　　　　［驚天動地　　電光石火　　薄利多売　　茫然自失］

Ⅱ．下線を引いた意味に、最も近い慣用的な表現を選んでください。

1. ワインについて、ソムリエの彼を前にあれこれ語るのは、愚かだ。
   　　　　　　　［釈迦に説法　　弘法の筆　　孔孟の教え］
2. 新型テレビを発売しようと思っていたが、ライバル会社のほうが一歩早かった。
   　　　　　　　［先を越す　　先を争う　　先を急ぐ］
3. 駆け落ちして家を飛び出すのなら、この家に入ることは二度とないんだな。
   　　　　　　　［敷居をまたぐ　　足を運ぶ　　歩を進める］
4. 保証人になるのはリスクが大きいと思ったが、泣きながら必死に頼む彼が可哀想になって、引き受けてしまった。
   　　　　　　　［情が薄い　　情が移る　　情を通じる］

Ⅲ．下線を引いた慣用的な表現の意味を書いてください。

1. 今度のプロジェクトの責任者として、Hさんに白羽の矢が立ったことは、地道な努力を続ける社員たちには大きな励みとなった。
   →
2. 今の世の中、触らぬ神に祟りなしとばかりに、他人が苦しんでいようがどうしよ

第 20 課

うが、まったく無関心で通す人がなんと多いことだろう。
→

3. 財界の大立者まで動員して、破綻寸前の会社を我が社に合併吸収させようだなんて、とんだ<u>猿芝居</u>だ。
→

Ⅳ. (　　)の中に下から適当な言葉を選んで入れてください。必要な場合は、ことばの形を変えてください。

　俺の器量では、ひのき舞台に上がるような芸人になることなどとても(　　　　)ことだとは、端から分かっていた。それでも今年で芸人生活は(　　　　)二十年、しつこくしつこく、人生に喰らいついてきた。
　師匠からは、何度もそれとなく引導を渡された。その度に(　　　　)の返事を繰り返しては、(　　　　)で聞いてきた。人生なんて最後の最後は(　　　　)だという執念があったればこそだと思う。
　去年、同門の誰よりも遅れてやっと二つ目に推挙された。誰の言葉か知らないけれど「石の上にも三年」。苔が生えるまで一つのことに必死になれば、俺だってそこいらの芸人(　　　　)に引けを取らない芸人になれるんだって、そう思って今日も高座に上がっている。

　　　[あしかけ　　上の空　　お座なり　　覚束ない　　根競べ　　風情]

Ⅴ. 次の(　　)の中に適当な言葉を入れてください。
1. 後先を(　　　　)やったことは、きっと禍根を(　　　　)ことになると知りつつ、敢えて挑戦しなければならないこともある。
2. 演技の途中であきらめそうになったチームだったが、機転が(　　　　)リーダーのおかげで、結局は一糸(　　　　)パフォーマンスを見せることができた。
3. 自分の失敗だったくせに、部下に八つ当たりして鬱憤を(　　　　)なんて、うちの部長がこんなに器の(　　　　)人だったなんて知らなかった。

第21課

Ⅰ．下線部と近い意味になる四字熟語を下から選んで書き入れてください。
1. 周りを困らせてばかりの彼が、ある日一大決心をしてこれまでとは打って変わってまじめに働き始めた。
   □□□□
2. 経営の責任者が販売計画を練り上げつつあるときに、営業課長が誰に相談することもなく進めていた契約が明るみに出て、大騒ぎになった。
   □□□□
3. 引っ越したのをきっかけに、また新しい気持ちで一からやり直すことにした。
   □□□□

　　　　　　［大願成就　　一念発起　　独断専行　　心機一転］

Ⅱ．下線を引いた意味に、最も近い慣用的な表現を選んでください。
1. 別れることを前提に別居するとまで言って大騒ぎしていた二人だが、いつの間にやらこれまでと同じように仲良く生活するようになっていた。
   　　　　［元の鞘に収まる　　元の木阿弥になる　　元も子もない］
2. 一方は一円でも稼ごうとする立場だし、もう一方は利益は度外視してでも人助けをというのだから、いつまで続けてもこの議論は噛み合わないだろう。
   　　　　　　［月とすっぽん　　水と油　　犬と猿］
3. 年度末とあって、休む暇もなく倒れそうなほど忙しい。
   　　　　　　［埒が明かない　　目が回る　　身を粉にする］
4. 世界中どこでも親子の愛情は、不変のものだ。
   　　　　　　［世が世ならば　　洋の東西を問わず　　我も我もと］

Ⅲ．下線を引いた慣用的な表現の意味を書いてください。
1. Ｔ氏は、「物書きとしてまだ駆け出しなのに、こんな賞をいただけるなんて、身に余る光栄です」と感激の面持ちだった。
   →
2. ファストフード業界も激戦で、少々のメニューの追加くらいでは、客の目先を変えてつなぎ止める効果はない。

41

第21課

　　　→

3. ゲームセンターへ弟を連れ戻しに行った兄は、どうやら<u>ミイラ取りがミイラになった</u>ようで、いつまでたっても帰ってこない。
　　　→

Ⅳ． (　　)の中に下から適当な言葉を選んで入れてください。必要な場合は、ことばの形を変えてください。

　はじめの間は、名前を聞かれたり志望動機を聞かれたりといった想定していた質問で、(　　　)ようなことはなかったが、面接者が「少し、今の国際情勢についてお尋ねします」と言って質問を始めてからは、(　　　)の答えになったり、何も思いつかなくて(　　　)てしまうような場面が何度かあった。どの質問に関しても、自分の知識が(　　　)の浅いものばかりで、とてもじゃないが相手が満足するような受け答えができていないことは、面接の途中で十分に自覚できた。「以上のことから、これからの国際経済はどんな状況に直面すると思われますか」と尋ねられたところで、(　　　)。「もう少し勉強して出直します」と言って頭を下げる始末だった。

　ものは試しと思って受けた面接だったが、自分のあまりの無知さ加減に恥ずかしくなり、面接が終わると(　　　)に面接会場を後にした。今のままではとても就職など覚束ないと反省しきりの一日だった。

　　［一目散　聞きかじり　口ごもる　しどろもどろ　万事休す　面喰う］

Ⅴ． 次の(　　)の中に適当な言葉を入れてください。

1. 相手の言い値で買っていたのでは、とても割に(　　　)とは思ったが、どうしてもその商品を手に入れたかったので、そんなことは露ほども表情に(　　　)、取引を続行した。

2. この分野では、私などとは比べ物にならないほど造詣の(　　　)相手だったので、ぼろを出さないうちにと先手を(　　　)て、条件を提示することに決めた。

3. 総選挙を前にした与党と野党のテレビ討論は双方自分の主張を(　　　)うとして、水掛け論になったので、司会者は適当に見切りを(　　　)、切り上げることにした。

第22課

Ⅰ．下線部と近い意味になる四字熟語を下から選んで書き入れてください。
1. 部員が暴力沙汰を起こしたA高校野球部は、失った世間の評判を取り戻すことを期して練習に励んでいる。
   □□□□
2. 何時間も議論を続けたが結局結論が出ず、社長の決断を仰ぐと、即座に「そんな必要はない」と明快な返答があり、議論に決着がついた。
   □□□□
3. 何度も事業で失敗した彼は温泉を掘っている。これを当てて、これまでの損失を取り戻して余りある利益を狙っているのだ。
   □□□□

　　　　　〔一獲千金　　一刀両断　　冷静沈着　　名誉挽回〕

Ⅱ．下線を引いた意味に、最も近い慣用的な表現を選んでください。
1. 大人に揉まれて育った彼は、そのせいで若いのに妙にずる賢いところがある。
   〔世間離れしている　　世間慣れしている　　世間擦れしている〕
2. 彼女は、思い込んだら我を忘れてなりふり構わず突き進む。
   〔是非も無い　　是非に及ばず　　是非もわきまえず〕
3. お湯の沸かし方一つ知らなかった父が、料理を覚えようと言い出し母にいろいろ聞いているが、必要以上に手数がかかって母は大変そうだ。
   〔世話が焼ける　　世話をかける　　世話がない〕
4. 「あの時に返済できたから、しとけばよかったんだ」とか「あんな注文に目がくらんだばっかりに」とか、父はしても甲斐がない反省ばかりしている。
   〔閑古鳥が鳴く　　死んだ子の年を数える　　呂律が回らない〕

Ⅲ．下線を引いた慣用的な表現の意味を書いてください。
1. 「隣のよっちゃんの爪の垢でも煎じて飲みなさい」と怒鳴りつけたのに、意味が分かったのか分からなかったのか、息子はきょとんとしていた。
   →
2. 人を嫌いになると、それまで耳に快く響くことばだったものが、歯が浮くような

第22課

セリフに聞こえるから不思議なものだ。
→

3. 家の息子は切羽詰まるまでテスト勉強をしないから、毎回ヤキモキさせられる。
→

Ⅳ. (　　)の中に下から適当な言葉を選んで入れてください。必要な場合は、ことばの形を変えてください。

　我々は発明好きが集まる素人集団だが、最近入会したA氏は、活動に参加するや我々の活動を(　　　)ていた。素人目にも大したことないと思うような思いつきでも言われた方が(　　　)ほどに持ち上げる氏の姿を、私は、初めから懐疑の目で見ていた。そして、いつか(　　　)が剥げるだろうと思っていた。
　案の定、我々のアイディア全てが、氏の会社の企画部に(　　　)で、中には商品化されたものさえあった。私は活動の中心メンバーでもないので、私が会を代表して意見を言う(　　　)ではないと思ったが、どうしても承服できないので、氏を提訴してはと提案した。しかし、会員のみんなは(　　　)で、裁判沙汰にするほどのことではない、穏便に収めようということになった。しかし、素人のアイディアを盗むなんて人間の風上にも置けない奴だと、私としては、未だに腹立ちが収まらない。

[筋合い　赤面する　筒抜け　化けの皮　ほめちぎる　弱腰]

Ⅴ. 次の(　　)の中に適当な言葉を入れてください。

1. 虐待通報に端を(　　　)事件の全貌が明らかになるにつれて、年端も(　　　)子どもたちを食い物にするような犯罪に、背筋が凍るような思いを味わった。

2. 手術を受けるくらいなら死んだ方がましだと弱音を(　　　)息子に頭を悩ませていたが、やっと決心してくれて、ちょっと人心地が(　　　)思いがしている。

3. 時流に乗っただけなのに、私についてくれば幸せな人生が保証されると大口を(　　　)いたA氏が破産したという話を聞いて、溜飲が(　　　)思いをした人は少なくなかったと思う。

第23課

I. 下線部と近い意味になる四字熟語を下から選んで書き入れてください。

1. 連立与党から離脱した政党Aの党首は、今後は政府与党に対し、<u>善いことは善い、悪いことは悪いと公平な立場</u>で国会に臨むと記者の質問に答えた。

2. 最近のメディアには、<u>特定の政党・主義に偏らず、公平・中立の立場</u>であるべきだという存立の基盤から逸脱した報道が目立つ。

3. 政党Aはマニフェストを発表し、素晴らしい政策ばかりだと<u>自身のマニフェストを称賛している</u>が、その政策の善し悪しを判断するのは有権者である我々だ。

　　　　　　　　［不偏不党　　是是非非　　唯我独尊　　自画自賛］

II. 下線を引いた慣用的な表現の意味に、最も近いものを選んでください。

1. 新しい庁舎を建設するという計画は、住民の反対によって、<u>実行されずそのままになっている</u>。
　　　　　［宙に浮く　　竜頭蛇尾に終わる　　兜を脱ぐ］

2. うまくいかないときは、新しいことに挑戦するのは止め、<u>チャンスが巡ってくるまでじっとしていた</u>ほうがいい。
　　　　　　［時を争う　　時を稼ぐ　　時を待つ］

3. 話し合いとは名ばかりで、最後の最後に突然<u>社長が口にした意見で全てのことが決まってしまった</u>。
　　　　　　［破顔一笑　　藪から棒　　鶴の一声］

4. 確かに時間はかかるかもしれないが、<u>いい加減に済ませようとしない</u>のが、成功の秘訣だ。
　　　　　　［手を抜く　　手を延ばす　　手を離れる］

III. 下線を引いた慣用的な表現の意味を書いてください。

1. スピーチコンテストに出場する代表者を選ぼうにも、みな<u>団栗の背比べ</u>で、なかなか決められない。
　　→

45

第 23 課

2. 査問委員会で私のことが取り上げられているということだけれど、私は<u>俎板の上の鯉</u>だから、ただ黙して審判を待つのみだ。
 →

3. 店の開業資金が足りないので、知人に融通してもらえないか頼んでみたが、<u>取り付く島もなく</u>断られてしまった。
 →

IV. (　　)の中に下から適当な言葉を選んで入れてください。必要な場合は、ことばの形を変えてください。

　検察の世界では、誰ひとり知らぬ者のない(　　　　)として知られていたA氏が辞任、突然弁護士に(　　　　)することになったというニュースは、最近の法曹界に大衝撃を与えることになった。この件は、A氏が大々的に記者会見を開いて、(　　　　)の理由でと転身のいきさつを語ったわけではなく、まったく別の事件に関する会見の席で(　　　　)語った言葉がヒントとなって、M紙の記者がスクープしたものだ。

　ここ数年、検察に関しては、厳正な法の番人役を任せて大丈夫なのだろうかと思わせるような不祥事が続いており、(　　　　)状況を迎えていた。この問題は、国会でも何度も取り上げられ、関係者の間では、A氏らを中心に外部の識者を加えた検察改革のための委員会が設けられようとしていた矢先の、A氏の辞任劇だった。

　私もマスコミに身を置く一人として、なんとかA氏から一言をと思って会見を申し入れたが、取り込み中だからと(　　　　)ファックスが返ってきただけだった。

　[かくかくしかじか　切れ者　鞍替え　さりげなく　ただならぬ　にべもない]

V. 次の(　　)の中に適当な言葉を入れてください。

1. 外国から強力な助っ人を入れたという前評判のチームだったが、実際に試合をしてみると赤子の手を(　　　　)ような楽な試合で、マスコミを使って虚勢を(　　　　)いたことが明白だった。

2. 海千山千の専門家の集まりだと聞いて興味津々で参加したが、さすがに一家言(　　　　)人たちばかりで、報道陣のきわどい質問にも、歯牙にも(　　　　)といった態度で対応していた。

3. 結果発表を見てから、そっと人混みを離れて嗚咽を(　　　　)Aさんの姿を目にして、「成功間違いなしですよ」と無責任な発言をした私は、本当に二度と顔向け(　　　　)思いでいたたまれなかった。

46

第24課

Ⅰ．下線部と近い意味になる四字熟語を下から選んで書き入れてください。

1. 定年退職した父は、かつてからの念願通り、今は田舎で何に拘束されることもなく、好きなことをして静かな日々を送っている。
   □□□□

2. 突然の立ち入り調査にも、社長は日頃と変わらず落ち着いて動じることない様子で対応し、社員にも次々と指示を出していた。
   □□□□

3. 無実の罪を着せられて、長い間法廷闘争を続けていたが、裁判の結果、晴れて無実が証明され自由放免の身となった。
   □□□□

   ［青天白日　　悠悠自適　　余裕綽綽　　泰然自若］

Ⅱ．下線を引いた意味に、最も近い慣用的な表現を選んでください。

1. 息子を叱ってはいるが、自分も若い頃やんちゃをして親を困らせた同じような記憶があるので本気で叱れない。
   ［無理もない　　目が覚める　　身に覚えがある］

2. 攻撃されたからと言って、それと同じ程度のことをし返しする姿勢が変わらない限り、紛争は攻防の繰り返しを続けるしかない。
   ［しっぺ返し　　お礼参り　　目には目を］

3. 母は、私の顔を見る度に、私が大切な物を置き忘れた日の話を嫌になるほど繰り返しする。
   ［耳にたこができる　　耳に入れる　　耳打ちする］

4. 新人の間は、経験豊かな先輩に、あれやこれや教えを乞いながら自分を鍛えることが大切だ。
   ［胸に収める　　胸を貸す　　胸を借りる］

Ⅲ．下線を引いた慣用的な表現の意味を書いてください。

1. 規則をつくることは、大切だとは思いますが、そのことで一般市民が割を食うような事態を引き起こすようでは意味がありません。
   →

第 24 課

2. 価値があるかもしれないと捨てられずにとっておいたが、<u>無用の長物</u>と化してしまった。
   →

3. ダム建設は中止すると一端決めておきながら、知事が代わった途端、その約束を破棄されて、住民は<u>腸が煮えくりかえる</u>ような思いでいる。
   →

Ⅳ. （　）の中に下から適当な言葉を選んで入れてください。必要な場合は、ことばの形を変えてください。

　私は、生来の面倒くさがりで、何かことに及ぼうとするときに（　　　）調べもしないで出かけていくのが常だが、今度ばかりはさすがに「困ったときの課長頼み」と言われている社内の（　　　）であるA課長に前もって相談して出かけた。
　三十も半ばを超し、両親からもせっつかれ、さすがに年貢の納め時だと腹をくくって、彼女にプロポーズすることを決めた。しゃれたレストランを紹介してもらおうと課長に相談を持ちかけたのだが、あれやこれやと本をめくってずいぶん（　　　）思いをさせられた。やっとのことで、「ここなら君の思惑には（　　　）だ」と紹介された店に行くと、なるほど見てくれは申し分ないが、出される料理は「〜もどき」の（　　　）物ばかり。「楽しみだわ」と言っていた彼女が、終いには「（　　　）ね」と言い出す始末。プロポーズどころか、「そうだね。どこかへ口直しに行こうか」と、彼女の機嫌を損ねないようにあたふたさせられてしまった。

　　［胡散臭い　じれったい　知恵袋　見かけ倒し　もってこい　ろくすっぽ］

Ⅴ. 次の（　　　）の中に適当な言葉を入れてください。
1. 人間国宝のB氏が天才と呼ばれる所以は、いつも一升瓶を傍らに感情が（　　　）ままに、好き放題な生活を送っているが、突然作品に取り掛かったかと思うと、あっという間に突拍子も（　　　）作品を物するからである。
2. いつもは選手から嫌われるほど辛口の苦言を（　　　）きた監督も、さすがに日本一を達成してからは、少しばかり手綱を（　　　）始めた。
3. 占い師は、肩に掛けた袋から、一冊の本を取り出すと、「本書に記されている通り、我が国の将来は、私の双肩に（　　　）のであります」と、わけのわからないことを叫び、集まった聴衆に議論を（　　　）ていた。

第25課

I．下線部と近い意味になる四字熟語を下から選んで書き入れてください。

1. 彼はどんなことでも何か自分の意見を言わないと気が済まない人のようで、専門外の事にも口を出してくる。
   □□□□

2. 温厚な彼も、上司からの「顔を洗って出直して来い」などとひどいことばを浴びせられ、さすがに腹を立てたようだ。
   □□□□

3. 友人のA君は、いつも明るく小さなことにはこだわらない性格で、彼の周りにはいつも笑いが絶えない。
   □□□□

　　　　［清廉潔白　　明朗闊達　　罵詈雑言　　一言居士］

II．下線を引いた慣用的な表現の意味に、最も近いものを選んでください。

1. 留学するために一円のお金も無駄にしないで、かつかつの生活をしているのは知っているけれども、見ていられないときもある。
   　　　　［爪を隠す　　爪を研ぐ　　爪に火を灯す］

2. あんな人が好きだなんて、私にはどうしても考えられない。でも、私のタイプも他の人には向かないかもしれないな。
   　　　　［蓼食う虫も好き好き　　立っているものは親でも使え　　他人の飯を食う］

3. 審議拒否を続ける野党に、与党は審議時間を増やすことを確約し、話をまとめた。
   　　　　［手を合わせる　　手を入れる　　手を打つ］

4. 川を渡ろうとして彼女に手を差し出すと、その手がすっと消えてしまう夢を見て、怖くて冷や汗の出る思いをした。
   　　　　［血祭りに上げる　　血が引く　　血が通う］

III．下線を引いた慣用的な表現の意味を書いてください。

1. お隣のご隠居さんの碁の相手もたまにならいいが、下手の横好きというのか日曜日ごとなのでさすがにまいってしまう。
   →

第25課

2. 徹夜までしてやっとのことで仕上げた論文も、教授に論文の体をなしていないと一蹴された。
   →

3. 時間をかけて出した駅の新設計画が、市長が変わった途端に反故にされ、市長のリコール運動にまで広がった。
   →

Ⅳ. （　）の中に下から適当な言葉を選んで入れてください。必要な場合は、ことばの形を変えてください。

　友人の写真家が、『一人展』と銘打った個展を開くと聞いて出かけた。最近この世界では知られるようになったと聞いてはいたが、開場前の入口には長蛇の列ができていた。しばらくしてドアが開かれると、それまで大人しく並んでいた人たちが（　　　）ように会場に飲み込まれていくので、一瞬どうしようかと（　　　）思いだった。それでもせっかく来たのだから、友人に挨拶をしなければと、会場に入った。

　会場の壁にかかったどの作品も、構図の隅々にまで（　　　）の利いたものばかりで、何度かは、作品の前で（　　　）ような思いにすらさせられた。

　自分の感想を何とか伝えたいと思って、友人を囲んでいた人の輪が解けたのを機に友人に近づいた。ひと通り作品の素晴らしさを語り、「こんなに人気のある写真家になっているとは知らなかったな。もう（　　　）この世界の第一人者だな」と率直な思いを告げる。すると、「嬉しいコメントだけど、『第一人者』はちょっと私を（　　　）過ぎだな。まだすごい奴は一杯いるよ」と言って、友人はちょっと頬を染めた。

　　［買い被る　立ちすくむ　雪崩れ込む　ひるむ　目配り　れっきとした］

Ⅴ. 次の（　）の中に適当な言葉を入れてください。
1. 専門家然として、なんにでも知った風な口を（　　　）あの評論家とは、何度か一緒に仕事をしたが、どうもそりが（　　　）。
2. 新しく配属されてきた社員は、生意気で鼻っ柱が（　　　）ばかりのどうにもならない奴だと思っていたが、仕事をさせてみるとなかなか気骨が（　　　）ということが分かってきた。
3. 応募者が何人であろうが、そんなものは物の数では（　　　）と高をくくっていたが、出展された作品は、どれもこれも工夫を（　　　）素晴らしいもので、入賞なんて覚束ないと思わせられた。

第26課

Ⅰ．下線部と近い意味になる四字熟語を下から選んで書き入れてください。

1. 礼儀正しい人もいれば、礼を失した人もいる。グループのメンバーのあまりの多様さに唖然としてしまった。
   □□□□

2. 一見すると丁寧で礼儀正しく見えるものの、実は人を見下したような態度をとる彼に腹が立った。
   □□□□

3. 何事にもえこひいきがなくて、決して間違ったことをしない人物として監査役に彼が選ばれた。
   □□□□

　　　　　　　［無礼千万　　慇懃無礼　　公明正大　　渾然一体］

Ⅱ．下線を引いた慣用的な表現の意味に、最も近いものを選んでください。

1. 我が社は今後、消費低迷が続く国内から、消費が活発な新興国への販売に時間と労力をかけていくことを決めた。
　　　　　　　［力を入れる　　力になる　　力を貸す］

2. 商店街活性化のために、なんとかいいアイディアはないものかと考えてみたが、これといった案は出てこなかった。
　　　　　　　［知恵を借りる　　知恵を絞る　　知恵を付ける］

3. 普段はおとなしい彼だが、一度お酒を飲むと人が変わり、私たちではどうにもできない状態になる。
　　　　　　　［手が回らない　　手が届かない　　手が付けられない］

4. 安物のセーターも、リボンを付けるなどして少し細工をすれば、高級感溢れるものになる。
　　　　　　　［手を下す　　手を加える　　手を染める］

Ⅲ．下線を引いた慣用的な表現の意味を書いてください。

1. 前の試合は、相手チームに大差をつけ勝ったが、監督の口からは「勝って兜の緒を締めよ」の一言が発せられた。
　　→

第26課

2. 隣町は財政が逼迫し困窮を極めているが、我が町も対岸の火事を決め込んでいるわけにはいかない。
　　→

3. 新関脇の拳骨山は、横綱、大関に次々と黒星をつけ、今場所の台風の目となっている。
　　→

Ⅳ. (　　)の中に下から適当な言葉を選んで入れてください。必要な場合は、ことばの形を変えてください。

　大学時代に活動をしていたバンドの先輩から、今度こそは長年の夢を叶えてCDの発売にまで漕ぎつけるからと、突然バンド再結成の連絡。久しぶりに仲間が会って、昔話に花を咲かせることになった。それ以来、何回か会合を重ねたのだが、この先輩が、当たり構わず我々のプランを(　　　　)ものだから、かつて作曲担当だった私も、なんとなく責任を感じ始めて(　　　　)、仕事も家族も(　　　　)で新曲の作曲に取り掛かることになった。
　昔の楽譜を取り出して、いろいろとアイディアの(　　　　)など、夜を日に継いで新曲作りに没頭した。久しぶりに懐かしい日々を思い出し、決して嫌な仕事ではなかった。問題なのは職場で、出勤するにはするのだが、事務所の机に座るなり(　　　　)て、心ここにあらずの態。ひたすら新曲のことばかりを考える私の姿は、自分で考えても周りの人の目には、とんでもない(　　　　)と映っていたに違いない。
　当然のことながら、そんな他人迷惑と無理は、私の信頼失墜を招き、先輩の心変わりと共に結果は泣くに泣けないものとなった。

　　［心ならずも　そっちのけ　黙りこくる　唐変木　練り直し　吹聴する］

Ⅴ. 次の(　　)の中に適当な言葉を入れてください。

1. 格下の相手との一騎打ちになったので張り合いが(　　　　)などとは、さらさら思っていなかったが、それにしてもいつものようにたぎるような闘志が(　　　　)てこない。

2. 期日までにはなんとか間に合わすことができると、一応の目処が(　　　　)ので、我々もプロジェクトに参画すると布石を(　　　　)おいた。

3. 言葉で相手を打ち負かすことでは、人後に(　　　　)と自負していたが、今度の不祥事だけは、どうにも辻褄を(　　　　)ことができそうにない。

第27課

I．下線部と近い意味になる四字熟語を下から選んで書き入れてください。

1. 外国人観光客に道を聞かれたが、ことばが通じず説明するのに身振り手振りでとても苦労した。
   □□□□

2. 亡くなった祖母は、普通の神経をしている人なら悩み続けるような問題があっても、「必ずうまくいくから」と笑いながら晩酌をするような人でした。
   □□□□

3. 先生は卒業するに際して、私たちに、人と付き合う一番の秘訣は、嘘も隠しもなく誠実に付き合うことだと教えてくださいました。
   □□□□

   [豪放磊落　四苦八苦　虚心坦懐　七転八倒]

II．下線を引いた意味に、最も近い慣用的な表現を選んでください。

1. 計算高い彼女は人と付き合う時に、まず付き合ったら損か得か考えるらしい。
   [算盤が合う　算盤を弾く　算盤を置く]

2. 京都を出発し、一度は頓挫しそうになった中山道走破の旅も、東京に入りようやくゴールが近づいてきた。
   [先がある　先が見える　先を見越す]

3. 外国企業との交渉事では、少々相手が強引だと思う行動をしてでも優位な立場に立つことが大切だ。
   [船頭多くして船山に上る　お先棒を担ぐ　横車を押す]

4. 私は父に劣勢にあっても、負けを認めてすごすごと逃げ出すような生き方だけはするなと教育された。
   [尻尾を振る　尻尾を巻く　尻尾を掴む]

III．下線を引いた慣用的な表現の意味を書いてください。

1. 何度もコンテストで優勝したパティシエが今年のコンテストで砂糖の量を間違ったと聞いて、上手の手から水が漏れることもあるのだと思った。
   →

第27課

2. <u>去る者は日々に疎し</u>と言うが私たちは例外でいよう。お互いにかけがえのない存在なのだから。
   →

3. 何度も上司に掛け合ったけれども、その都度<u>四の五の言う</u>だけで、なんの成果もなかった。
   →

Ⅳ. (　　)の中に下から適当な言葉を選んで入れてください。必要な場合は、ことばの形を変えてください。

　A社の経営が危ないという噂が(　　　)や、その影響は恐ろしいほど迅速にあらわれ、あっという間もなくA社の経営は(　　　)に陥った。予想だにしなかった状況を迎えて、社員の動揺は激しく、自分たちを(　　　)にしてきた新興のライバル社がために流した噂に違いないと(　　　)始末だ。そうした社員たちを横目に、オーナー社長は、必死で経営改善に取り組んだ。

　三代目として継いだ会社は、ここまでなんら大きな問題に出会うことなく順調に推移してきたが、こここそが(　　　)だ。どんなことがあっても自分の家族はもとより、社員一人ひとりの家族も(　　　)ことはできない。ここが乗り切れないようでは、これからの経営も思いやられると社員を叱咤激励し、徐々に社内一丸となって経営改善の努力ができる雰囲気を作り出していった。

　　［正念場　毒づく　火の車　巻き添えにする　目の敵　流布する］

Ⅴ. 次の(　　)の中に適当な言葉を入れてください。

1. なんとかやり過ごせると安易に考えていたようだが、会見場の一記者に図星を(　　　)会長は、肩を(　　　)て項垂れてしまった。

2. なんとしても相手を説き伏せてやろうとの一念で頑張っていた私だったが、相手方に対する批判の仕方が、どう考えても度を(　　　)のではと思った途端、すっかり議論に気乗りが(　　　)てしまった。

3. 「私腹を(　　　)ことを考えず」が信条の経営者だと思っていたが、少し話をしているうちに、自らの会社グループを擁護する目的でいるのだとピーンと(　　　)。

第28課

Ⅰ．下線部と近い意味になる四字熟語を下から選んで書き入れてください。

1. 若いとき、酒や遊びに明け暮れ、好き放題にやってきた彼も結婚を機に心を入れかえ真面目に働きだした。
   □□□□

2. 彼女の自分のことしか考えない、我が儘な行動に、私は嫌気がさし、彼女と別れることにした。
   □□□□

3. 彼はこれといった意見をもっているわけではなく、多数派の意見に何も考えずに賛成することが多い。
   □□□□

　　　　　［得手勝手　　頑固一徹　　付和雷同　　放蕩三昧］

Ⅱ．下線を引いた慣用的な表現の意味に、最も近いものを選んでください。

1. 謙虚だった彼も、出版した小説がベストセラーになった途端、すっかり調子に乗って自惚れている。
   　　　　　［峠を越す　　天狗になる　　つぶしが利く］

2. 父は、サラリーマン生活を続けながら、万が一の時のためにと貯めていた大切な百万円を詐欺師に騙し取られた。
   　　　　　［取らぬ狸の皮算用　　虎の子　　鶴は千年亀は万年］

3. 私と同期のAは、上司の命令に逆らったり、意に染まない行動に出たために、地方に左遷させられた。
   　　　　　［虚を突く　　盾を突く　　意表を突く］

4. 日本は、不況が長引くにつれて、何百兆円というとんでもない額の借金を抱えている。
   　　　　　［手も足も出ない　　埒もない　　途轍もない］

Ⅲ．下線を引いた慣用的な表現の意味を書いてください。

1. 彼女は、デビューの頃は大根役者と酷評されていた女優だったが、今では押しも押されもせぬ映画界を代表するような大俳優になった。
   →

第 28 課

2. 相次ぐ公務員の不祥事に箍が緩んでいるのではないかという批判が高まっている。
   →

3. 議員を長く務めた彼も、結局は、あの歯に衣着せぬ物言いが命取りになって、とうとう退陣することになった。
   →

Ⅳ. (　)の中に下から適当な言葉を選んで入れてください。必要な場合は、ことばの形を変えてください。

何度も絶滅の危機を迎えたこの湖固有の種を(　　　)で守ってきたのは、自治体でも最近できたNPOでもなく、地元の人々が昔から抱いてきた湖に対する愛着と畏敬の念だった。そう主張する地元の代表は、なんとしても相手を(　　　)ようと、「それが理解していただけなければ、この協議は白紙に戻しましょう」と(　　　)。

人事異動で、今年からこの協議に参加することになった市側の課長は、(　　　)て湖の干拓計画が白紙に戻されでもしたら大失態とばかりに(　　　)顔をして古老の言葉に耳を傾けるには傾けていた。しかしながら、何か(　　　)があるらしく、「今日のところは、住民の皆様の貴重なご意見を本庁に持ち帰り検討させていただくということで...」と、態度をはっきりさせないまま、いつものように何ら進展を見せることなく協議会を閉じた。

[しおらしい　すんでのところ　たたみかける　得心させる　含むところ　まかり間違う]

Ⅴ. 次の(　)の中に適当な言葉を入れてください。
1. 外国人の友人から、手作りの日本料理を食べてみてほしいと招待された。お手並み拝見とばかりに楽しみに出かけた。出された品は、予想に(　　　)それぞれに趣向を(　　　)ものばかりで、いたく感心させられた。
2. 聞き耳を(　　　)ながら、それまでの成り行きを聞いていたA氏は、友人の窮状を見かねて、一肌(　　　)ことにした。
3. 下積み時代は、何としても夢を実現しようとして、なりふり(　　　)、できる仕事を求めて、日本中あちらこちら転々と(　　　)。

第29課

Ⅰ．下線部と近い意味になる四字熟語を下から選んで書き入れてください。

1. 志を一つに集まり、何か纏まったものが出来ると期待したが、ただ多くの<u>なんの取り柄もなさそうな人たち</u>が目的も知らずに来ていたというのが現実だった。
   ☐☐☐☐

2. 父は、どこへ行くのでも、何をするのでも、早くから<u>万全を期して</u>実行するので安心していられる。
   ☐☐☐☐

3. 妹は、卒業後どうするのか、人生設計はあるのかと問われても、<u>今を楽しむこと</u>に重きをおいていて、将来の構想は全くない。
   ☐☐☐☐

　　　　　　　［用意周到　　刹那主義　　大言壮語　　有象無象］

Ⅱ．下線を引いた意味に、最も近い慣用的な表現を選んでください。

1. 与野党が満を持して提出したといわれる二種類の法案は、奇しくもなのか意図してなのか、<u>あまり差異がない</u>。
   　　　　［似て非なり　　似ても似つかぬ　　似たり寄ったり］

2. 世界中に、ランドマークと呼ばれるような建造物を建て続けていた彼も、いよいよアイディアが<u>尽きてきた</u>のか、最近は鳴かず飛ばずだ。
   　　　　　［底を突く　　底が浅い　　底が知れない］

3. 面接の際、緊張のあまり、<u>年齢を間違った上に、退席の際立った時転んでしまった</u>。
   　　　　　［恥をかく　　恥をさらす　　恥の上塗りをする］

4. <u>寝る前に確認、朝起きて確認、出かける前に確認する</u>。私とは全く違う、姉のような性格が、時には、羨ましくなる。
   　［念には念を入れる　　残りものに福がある　　喉元過ぎれば熱さを忘れる］

Ⅲ．下線を引いた慣用的な表現の意味を書いてください。

1. 怒れば、ニタニタ笑って誤摩化す。褒めれば、自慢をし続ける。本当にアイツは<u>煮ても焼いても食えない</u>奴だ。
   　→

第29課

2. 専門家の集まりだというので期待していたが、それぞれが自己主張を続けるので、仕事の方はさっぱりはかがいかない。
→

3. 我が家は三人姉妹。皆が箸が転んでもおかしい年頃なので、一日中賑やかなことだ。
→

Ⅳ. （　）の中に下から適当な言葉を選んで入れてください。必要な場合は、ことばの形を変えてください。

　今度の番組制作には、確かに無理に無理を重ねた。詳細な相談がなかったと言っては、上司から怒鳴られたり、（　　　）を並べられたりしたことも、一度や二度ではなかった。失敗が明るみに出ると、周りのみんなから（　　　）という冷たい反応も受け、（　　　）噂も流された。それでも、予算オーバーが分かりきっていて、最後の最後までそのことには（　　　）するなど我を通して、とうとう思い通りの作品を物することができた。

　局の重役から話があるからすぐに来いと連絡を受けて、めったにあることではないので、「あるいは」と思いつつ、遅れてはならじと（　　　）て最上階の重役室に向かった。ドアを開けるなり、ずらっと勢揃いした重役陣の口から「おめでとう」と声がかかった。何がどうなっているのやらわけが分からなかったが、しばらくして私の作品が今年の局長賞に選ばれたことを知った。思いがけない展開に、「私（　　　）の未熟者が...」と言ったまま、思わず声を詰まらせてしまった。

　［息せき切る　恨み辛み　尾鰭をつける　ごとき　それ見たことか　頬かぶり］

Ⅴ. 次の（　）の中に適当な言葉を入れてください。

1. 最初の作品がベストセラーになり、とりわけ若い読者に受けが（　　　）ことを知った出版社は、同じ著者の古い作品を新作だと偽って臆面も（　　　）売り出した。

2. 最後の最後まで熾烈な闘いで、結果が出るまで固唾を（　　　）ようにして開票の推移を見守っていたが、最終的には次点という結果に終わり、国政への参加の思いを（　　　）。

3. いろいろきれいごとを並べてはいたが、結局は新製品を売らんかなという相手の魂胆が（　　　）と、聴衆は、テーブルに並べられた「新しいタイプのエコ商品」の数々に一瞥を（　　　）こともなく、会場を後にした。

第30課

I．下線部と近い意味になる四字熟語を下から選んで書き入れてください。
 1. 社長から直々、今度のプロジェクトは君の思い通りにやってみろとのお墨付きを頂いたから、もし失敗しても言い訳ができる。
    □□□□

 2. 社交的で、どんな人とでも一期一会を大切にして付き合っているという彼女のエネルギーは、親類縁者がいないことから生まれてくるようだ。
    □□□□

 3. はじめての取り組みで、何としてもやり通すと意気軒昂だった後輩が、大きなミスをしてしまって、ひどく落ち込んでいる。
    □□□□

　　　　　［平身低頭　　大義名分　　意気消沈　　天涯孤独］

II．下線を引いた意味に、最も近い慣用的な表現を選んでください。
 1. 取引先は時間前に来ているのに、こちらの部長が交通渋滞に引っかかってしまい、平社員の私はなんとか相手の気分を害さないように、必死で話題を探した。
　　　　　［間を持たす　　間が抜ける　　間が悪い］
 2. 会社が軌道に乗るまではと、新しい事業に並々ならぬ意欲を見せる社長は自分の蓄えで社員に給料を払った。
　　　　　［足を棒にする　　無駄足を踏む　　身銭を切る］
 3. せっかく頑張って人助けをしたのに、それを台無しにしてしまったのは、最後の始末をきっちりとすることができなかったからだ。
　　　［庇を貸して母屋を取られる　　飼い犬に手を噛まれる　　飛ぶ鳥跡を濁さず］
 4. 金の亡者だと言われたS氏が、孫の交通事故に大きなショックを受けて、交通事故被害者への救援基金を立ち上げることを、柄にもなく申し出たそうだ。
　　　　　［世も末　　鬼の目にも涙　　弱り目に祟り目］

III．下線を引いた慣用的な表現の意味を書いてください。
 1. お節介もほどほどにと言われながらも、おやじは今日も少年野球のコーチに出かけた。三つ子の魂百までとはこのことか。
    →

59

第30課

2. マスコミの影響が大きいことは知っていたけれども、あの事件が報道されて以来、最近は、寄ると触るとあの芸能人の噂ばかりだ。
 →

3. いつもダサい格好をしているA君の父親が、X社の社長だと聞いて、ついこの間教えてもらった「紺屋の白袴」ということばを思い出した。
 →

Ⅳ. （　）の中に下から適当な言葉を選んで入れてください。必要な場合は、ことばの形を変えてください。

　天才肌なのか、はたまた、生来の横着者なのか、何度（　　　）ても、栄吉は命じられた仕事を（　　　）と続けて改めるところがない。大切なお客様が手にされるものだから、間違っても（　　　）仕上げようなどとは思うなという一言が効いているのか、今も今とて、もう小一時間も、息を吹きかけ吹きかけ、何度でも椀を磨いている。

　何百年も続く伝統の塗り物工房に、お得意の卸問屋の主人の紹介で栄吉が入ってきたときには、後継者不足の工房では、人間国宝の主をはじめ、みなが一様に（　　　）になったものだったが、今では影で「あいつは（　　　）だ」などという者さえいる。

　しかし、何もかもが遅くて抜けているのなら、すぐにでも追い出せば済む話なのだが、栄吉に任せると時間はかかるが商品が目の醒めるような光沢を見せて仕上がることも事実なので（　　　）。

［恵比須顔　始末に悪い　たしなめる　手っとり早い　のらりくらり　昼行灯］

Ⅴ. 次の（　）の中に適当な言葉を入れてください。

1. 小さいころは、周りの人にいじめられるたびにべそを（　　　）帰ってきていた子が、果たして外国の慣れない環境でちゃんと働けているのだろうか。人目を（　　　）涙を拭ったりはしていないだろうかと心配でならない。

2. 納戸に隠されていた酒瓶を目ざとく（　　　）呑兵衛は、手元にあった湯呑になみなみと濁り酒を（　　　）、満足げに一気に飲み干した。

3. この人とならなんとなく波長が（　　　）と思って引き受けたビジネスパートナーだったが、仕事を続けている間に、あれもこれも勝手が（　　　）ことが分かってがっくりした。

索　引

あ

あえて　5IV
あおじゃしん　［青写真］　14III
あおすじ（をたてる）［青筋（を立てる）］　17V
あかご（のてをねじる）［赤子（の手をねじる）］　23V
あくたい（をつく）［悪態（をつく）］　10V
あぐら（をかく）　5V
あごでつかう　［顎で使う］　7IV
あごをだす　［顎をだす］　1III
あしかけ　20IV
あしがはやい　［足が早い］　13III
あしなみ（をそろえる）［足並みを揃える］　5V
あしばをかためる　［足場を固める］　14II
あしもとをすくう　［足元を掬う］　14II
あじわい（ぶかい）［味わい（深い）］　13V
あしをうばう　［足を奪う］　1III
あしをとられる　［足を取られる］　14II
あしをはこぶ　［足を運ぶ］　20II
あしをぼうにする　［足を棒にする］　30II
あたふた　5IV
あたまごし　［頭ごし］　5IV
あっけ（にとられる）［呆気（にとられる）］　1V
あっけらかん　1IV
あてずいりょう　［当て推量］　13IV
あとくされ（がない）［後腐れ（がない）］　2V
あとさき（を考える）［後先（を考える）］　20V
あながち　5IV
あなどる　［侮る］　3IV
あばたもえくぼ　［痘痕も笑窪］　14III
あびきょうかん　［阿鼻叫喚］　2
あらいざらい　［洗いざらい］　7IV
あらて　［新手］　10IV

い

いいだくだく　［唯唯諾諾］　13
いきがあう　［息が合う］　13II
いきがあがる　［息が上がる］　13II
いきがつまる　［息が詰まる］　13II
いきけんこう　［意気軒昂］　6
いきしょうちん　［意気消沈］　30
いきせききる　［息せき切る］　29IV
いきをのむ　［息を呑む］　13II
いきをひそめる　［息をひそめる］　13II
いきをふきかえす　［息を吹き返す］　13II
いささか　11IV
いざとなると　1V
いさみあし　［勇み足］　19IV
いしんでんしん　［以心伝心］　12
いずまい（をただす）［居住まい（を正す）］　15V
いちげんこじ　［一言居士］　25
いちごいちえ　［一期一会］　1
いちじつせんしゅう　［一日千秋］　15
いちず　［一途］　15IV
いちねんほっき　［一念発起］　21
いちべつ（をくれる、なげる）［一瞥をくれる、投げる］　29V
いちもうだじん　［一網打尽］　14
いちもくさん　［一目散］　21IV
いちり（ある）［一理（ある）］　14V
いっかくせんきん　［一攫千金］　22
いっかげん（ある）［一家言（ある）］　23V
いっきいちゆう　［一喜一憂］　2
いっきょりょうとく　［一挙両得］　17
いっし（みだれず）［一糸（乱れず）］　20V
いっしょくそくはつ　［一触即発］　1
いっしんどうたい　［一心同体］　17
いってんばり　［一点張り］　17IV
いっとうりょうだん　［一刀両断］　22
いっぱし　1IV
いぬとさる　［犬と猿］　21II
いひょうをつく　［意表を突く］　28II
いふうどうどう　［威風堂堂］　16
いぶかしく（おもう）［訝しく（思う）］　15V
いもづるしき　［芋づる式］　7IV

61

索　引

いんぎんぶれい　［慇懃無礼］　26

う

うかつ　［迂闊］　17IV
うけ（がいい）　［受けがいい］　29V
うさ（をはらす）　［憂さ（を晴らす）］　2V
うさんくさい　［胡散臭い］　24IV
うしろだて　［後ろ盾］　15IV
うぞうむぞう　［有象無象］　29
うちょうてん（になる）　［有頂天（になる）］　8V
うっぷん（をはらす）　［鬱憤（を晴らす）］　20V
うつわ（がおおきい・ちいさい）　［器（が大きい・小さい）］　20V
うのみ　［鵜呑み］　1IV
うむをいわず　［有無を言わず］　9IV
うらみ（をかう）　［恨み（を買う）］　17V
うらみつらみ　［恨み辛み］　29IV
うわのそら　［上の空］　20IV

え

えいこせいすい　［栄枯盛衰］　9
えてかって　［得手勝手］　28
えびすがお　［恵比須顔］　30IV

お

おうまがとき　［逢魔が時］　6IV
おえつ（をもらす）　［嗚咽（を漏らす）］　23V
おおきなかおをする　［大きな顔をする］　1II
おおぐち（をたたく）　［大口（を叩く）］　22V
おくじょうおくをかす　［屋上屋を架す］　11III
おくめん（もない）　［臆面もない］　29V
おさきぼうをかつぐ　［お先棒を担ぐ］　27II
おざなり　［お座なり］　20IV
おしころす　［押し殺す］　11IV
おしならべて　［押し並べて］　17IV
おちおち（できない）　1V
おちゃをにごす　［お茶を濁す］　3II
おちゃをひく　［お茶をひく］　3II
おてなみ（はいけん）　［お手並み（拝見）］　28V
おなじてつをふまぬ　［同じ轍を踏まぬ］　18III
おにのめにもなみだ　［鬼の目にも涙］　30II
おひれをつける　［尾鰭を付ける］　29IV
おぼつかない　［覚束ない］　20IV
おもい（をたつ）　［思い（を断つ）］　29V
おもてむき　［表向き］　1IV
おりあい（をつける）　［折り合い（をつける）］　4V
おれいまいり　［お礼参り］　24II
おんきせ（がましい）　［恩着せ（がましい）］　17V
おんこちしん　［温故知新］　13

か

かいいぬにてをかまれる　［飼い犬に手を噛まれる］　30II
かいかぶる　［買い被る］　25IV
かおがきく　［顔が利く］　13II
かおむけ（できない）　［顔向け（できない）］　23V
かおをきかす　［顔を利かす］　1II
かおをたてる　［顔を立てる］　13II
かおをつなぐ　［顔をつなぐ］　1II
かおをつぶす　［顔を潰す］　13II
かくかくしかじか　23IV
かくしんをつく　［核心を衝く］　7II
がくやうらをのぞく　［楽屋裏を覗く］　7II
かげぐち（をたたく）　［陰口（を叩く）］　2V
かげになりひなたになる　［陰になり日向になる］　7II
かげにまわる　［陰に回る］　7II
かけひき　［駆け引き］　17IV
かげひなたがある　［陰日向がある］　7II
かこん（をのこす）　［禍根（を残す）］　20V
かた（をおとす）　［肩（を落とす）］　27V
かた（をつける）　［片（をつける）］　1V
かたず（をのむ）　［固唾を呑む］　29V
かたとき　［片時］　6IV
かたはらがいたい　［片腹痛い］　13III
かたぼうをかつぐ　［片棒を担ぐ］　5II
かたりぐさ　［語り草］　13IV
かって（がちがう）　［勝手が違う］　30V
かってかぶとのおをしめる　［勝って兜の緒を締める］　26III
かつろをひらく　［活路を開く］　7II
がてん（がいく）　［合点（がいく）］　13V

かね(にきたない) ［金(に汚い)］ 4V
かぶとをぬぐ ［兜を脱ぐ］ 23II
かもにする ［カモにする］ 17IV
かやのそと ［蚊帳の外］ 9IV
がら(にもない) ［柄(にもない)］ 19V
からっきし 15IV
がらみ ［(四十)がらみ］ 12IV
がりょうてんせい ［画竜点睛］ 8
かんいっぱつ ［間一髪］ 13IV
がんこいってつ ［頑固一徹］ 28
かんこどりがなく ［閑古鳥が鳴く］ 22II
かんじょう(がおもむく) ［感情(がおもむく)］ 24V
かんでふくめる ［噛んで含める］ 15III

き

き(がすすまない) ［気(が進まない)］ 12V
き(がやすまる) ［気(が休まる)］ 14V
きあい(をいれる) ［気合(を入れる)］ 17V
きあいまけする ［気合負けする］ 7II
きおくれする ［気後れする］ 7II
きがおおきくなる ［気が大きくなる］ 13II
きがたつ ［気が立つ］ 6IV
きがぬける ［気が抜ける］ 13II
きがひける ［気が引ける］ 13II
ききかじり ［聞きかじり］ 21IV
ききみみ(をたてる) ［聞き耳(を立てる)］ 28V
きこつ(がある) ［気骨(がある)］ 25V
きではなをくくる ［木で鼻を括る］ 6II
きてん(がきく) ［機転(が利く)］ 20V
きどあいらく ［喜怒哀楽］ 2
きどり ［(〜)気取り］ 11IV
きのり(がしない) ［気乗り(がしない)］ 27V
きはこころだ ［気は心だ］ 8II
きびすをかえす ［踵を返す］ 8III
きもにめいじる ［肝に銘じる］ 14II
きもをつぶす ［肝をつぶす］ 14II
きもをひやす ［肝を冷やす］ 14II
ぎゅうじる ［牛耳る］ 14IV
きゅうそねこをかむ ［窮鼠猫を噛む］ 7III
きゅうたいいぜん ［旧態依然］ 3
きょうてんどうち ［驚天動地］ 20
きようびんぼう ［器用貧乏］ 10

ぎょくせきこんこう ［玉石混交］ 9
きょしんたんかい ［虚心坦懐］ 27
きょせい(をはる) ［虚勢(を張る)］ 23V
ぎょふのり ［漁夫の利］ 7II
きょをつく ［虚を突く］ 28II
きらほしのごとく ［綺羅星の如く］ 7II
きりょう(がある・おおきい) ［器量(がある・大きい)］ 19V
きれもの ［切れ者］ 23IV
ぎろん(をふっかける) ［議論(を吹っ掛ける)］ 24V
きをみてもりをみず ［木を見て森を見ず］ 6II
きをゆるす ［気を許す］ 8II
きをよくする ［気を良くする］ 8II
きんちょう(がほぐれる) ［緊張(が解れる)］ 12V

く

ぐうのね(もでない) ［ぐうの音(も出ない)］ 10V
くぎづけ ［釘付け］ 11IV
くげん(をていする) ［苦言(を呈する)］ 24V
くち(をつぐむ) ［口(を噤む)］ 18V
くちうら(をあわせる) ［口裏(を合わせる)］ 9V
くちきき(をする) ［口利き(をする)］ 15V
くちぐるま(にのる) ［口車(に乗る)］ 5V
くちごもる ［口ごもる］ 21IV
くちにのぼる ［口にのぼる］ 9II
くちばしがきいろい ［嘴が黄色い］ 9III
くちばしをいれる ［嘴を入れる］ 9II
くちをよせる ［口を添える］ 9II
くちをわる ［口を割る］ 9II
くったく(がない) ［屈託(がない)］ 16V
くびがまわらない ［首が回らない］ 14II
くびをかしげる ［首を傾げる］ 14II
くびをすげかえる ［首をすげ替える］ 8III
くびをひねる ［首を捻る］ 14II
くふう(をこらす、かさねる) ［工夫(を凝らす、重ねる)］ 25V
くぶくりん ［九分九厘］ 1
くらがえ ［鞍替え］ 23IV

索 引

け
けぎらいする ［毛嫌いする］ 17IV
げきりんにふれる ［逆鱗に触れる］ 7III
けげんな ［怪訝な］ 14IV
げたをあずける ［下駄を預ける］ 8II
げたをはかせる ［下駄を履かせる］ 8II
げたをはく ［下駄を履く］ 8II
けぶり（にみせる）［気振り（に見せる）］ 19V
けん（がある）［剣（がある）］ 13V
けんいをかさにきる ［権威を笠に着る］ 9III
けんけんがくがく ［喧喧諤諤］ 15
げんご（にぜっする）［言語（に絶する）］ 4V
げんこういっち ［言行一致］ 12
けんしき（がたかい）［見識（が高い）］ 1V
けんもほろろ 7III
げんをさゆうにする ［言を左右にする］ 8II
げんをまたない ［言を俟たない］ 8II

こ
こいのさやあて ［恋の鞘当て］ 7II
こういんやのごとし ［光陰矢の如し］ 17II
こうかいさきにたたず ［後悔先に立たず］ 8II
こうかくあわをとばす ［口角泡を飛ばす］ 8III
ごうかけんらん ［豪華絢爛］ 6
こうざいあいなかばする ［功罪相半ばする］ 8II
こうじまおおし ［好事魔多し］ 8II
こうとうむけい ［荒唐無稽］ 16
こうぼうのふで ［弘法の筆］ 20II
ごうほうらいらく ［豪放磊落］ 27
こうめいせいだい ［公明正大］ 26
こうもうのおしえ ［孔孟の教え］ 20II
こえをおとす ［声を落とす］ 9II
こえをくもらす ［声を曇らす］ 9II
こえをつくる ［声を作る］ 9II
ごき（をあらげる・つよめる）［語気（を荒げる・強める）］ 8V
こきょうににしきをかざる ［故郷に錦を飾る］ 10III
こぐんふんとう ［孤軍奮闘］ 7
こけん（にかかわる）［沽券（に関わる）］ 16V
ここうをしのぐ ［糊口をしのぐ］ 9II
ここうをのがれる ［虎口を逃れる］ 9II
こころない ［心ない］ 13IV
こころならずも ［心ならずも］ 26IV
こころをくだく ［心を砕く］ 9II
こころをすます ［心を澄ます］ 9II
こころをよせる ［心を寄せる］ 9II
こしたんたん ［虎視眈眈］ 6
こしをうかす ［腰を浮かす］ 2II
こしをすえる ［腰を据える］ 15III
こぞって 2IV
ごたく（をならべる）［ごたく（を並べる）］ 16V
ごたぶんにもれず ［御多分に洩れず］ 9III
ごてにまわる ［後手に回る］ 7II
ごとき ［（私）ごとき］ 29IV
ことなき（をえる）［事なきを得る］ 5V
ことば（をにごす）［言葉（を濁す）］ 17V
こともなげに ［事も無げに］ 14IV
こばなをふくらませる ［小鼻をふくらませる］ 1II
こみみにはさむ ［小耳に挟む］ 4II
こりつむえん ［孤立無援］ 16
ころあい（をみる・みはからう）［頃合い（を見る・見計らう）］ 11V
こん（をつめる）［根（を詰める）］ 7V
こんくらべ ［根競べ］ 20IV
ごんごどうだん ［言語道断］ 16
こんぜんいったい ［渾然一体］ 26
こんたん（がみえみえになる、すけてみえる）［魂胆が見え見えになる、透けて見える］ 29V
こんやのしろばかま ［紺屋の白袴］ 30III

さ
さいおうがうま ［塞翁が馬］ 6III
さいげつひとをまたず ［歳月人を待たず］ 17II
さいしょくけんび ［才色兼備］ 10
さいはい（をふるう）［采配（を揮う）］ 1V
さいふのひもをにぎる ［財布の紐を握る］ 17III
さきがある ［先がある］ 27II
さきがけ 19IV

さきがみえる　［先が見える］　27II
さきをあらそう　［先を争う］　20II
さきをいそぐ　［先を急ぐ］　20II
さきをこす　［先を越す］　20II
さきをみこす　［先を見越す］　27II
さくしさくにおぼれる　［策士策に溺れる］
　17II
さくをこうじる　［策を講じる］　17II
さくをろうする　［策を弄する］　17II
さしみのつま　［刺身のつま］　2III
さじょうのろうかく　［砂上の楼閣］　6II
さじをなげる　［匙を投げる］　2III
さとごころ(がつく)　［里心(がつく)］　17V
さながら　12IV
さりげなく　23IV
さるしばい　［猿芝居］　20III
さるもきからおちる　［猿も木から落ちる］
　6II
さるものはひびにうとし　［去る者は日々に疎
　し］　27III
さわらぬかみにたたりなし　［触らぬ神に祟り
　なし］　20III
さんこのれい　［三顧の礼］　6II

し

しあんにあまる　［思案に余る］　2II
しあんにしずむ　［思案に沈む］　2II
しあんにつきる　［思案に尽きる］　2II
しおらしい　28IV
しが(にもかけない)　［歯牙(にもかけない)］
　23V
しかくしめん　［四角四面］　10
じがじさん　［自画自賛］　23
しがらみ　19IV
しかり　［然り］　10IV
しきいをまたぐ　［敷居をまたぐ］　20II
しきんせき　［試金石］　6III
しくはっく　［四苦八苦］　27
じごくでほとけ　［地獄で仏］　6III
しししんちゅうのむし　［獅子身中の虫］
　5III
ししそんそん　［子子孫孫］　5
じじつむこん　［事実無根］　15
しじょうくうぜん　［史上空前］　5
したさきさんずん　［舌先三寸］　6II

したたらず　［舌足らず］　6II
じたともにゆるす　［自他ともに許す］　4II
したをうつ　［舌を打つ］　14II
したをならす　［舌を鳴らす］　14II
したをまく　［舌を巻く］　14II
しちてんばっとう　［七転八倒］　27
しつじつごうけん　［質実剛健］　11
しったふうなくち(をきく)　［知った風な口
　(を利く)］　25V
しっぺえし　［しっぺ返し］　24II
しっぽをつかむ　［尻尾を掴む］　27II
しっぽをふる　［尻尾を振る］　27II
しっぽをまく　［尻尾を巻く］　27II
じてんしゃそうぎょう　［自転車操業］　2III
しどろもどろ　21IV
しのごのいう　［四の五の言う］　27III
しびれをきらす　［痺れを切らす］　2II
しふく(をこやす)　［私腹(を肥やす)］　27V
しまつ(におえない)　［始末(に負えない)］
　16V
しまつにわるい　［始末に悪い］　30IV
しめし(がつかない)　［示し(がつかない)］
　13V
じもくにふれる　［耳目に触れる］　6II
じもくをおどろかす　［耳目を驚かす］　6II
じもくをひく　［耳目を引く］　6II
しゃかにせっぽう　［釈迦に説法］　20II
じゅうおうむじん　［縦横無尽］　5
じゆうかったつ　［自由闊達］　18
しゅこう(をこらす)　［趣向(を凝らす)］
　28V
しゅちょう(をとおす)　［主張(を通す)］
　2IV
しゅにそまる　［主に染まる］　2II
しゅをいれる　［朱を入れる］　2II
しゅをそそぐ　［朱を注ぐ］　2II
じょうがうすい　［情が薄い］　20II
じょうがうつる　［情が移る］　20II
じょうき(をいっする)　［常軌(を逸する)］
　6V
しょうさん(がある)　［勝算(が有る)］　6V
しょうしんしょうめい　［正真正銘］　4
じょうずのてからみずがもれる　［上手の手か
　ら水が漏れる］　27III
しょうね(がすわる)　［性根(が据わる)］

索　引

　　　19V
しょうねんば　［正念場］　27IV
じょうをつうじる　［情を通じる］　20II
しょぎょうむじょう　［諸行無常］　15
じょさい（ない）　［如才（ない）］　12IV
しょしかんてつ　［初志貫徹］　18
しょせん　［所詮］　14IV
しらはのやがたつ　［白羽の矢が立つ］　20III
しりうま（にのる）　［尻馬（に乗る）］　9V
しりょぶんべつ　［思慮分別］　18
じれったい　24IV
しろいめでみる　［白い目で見る］　2II
しんか（をとう）　［真価（を問う）］　10V
じんかいせんじゅつ　［人海戦術］　9
しんきいってん　［心機一転］　21
しんけいをとがらす　［神経を尖らす］　17II
じんご（におちない）　［人後（に落ちない）］　26V
しんしょくをわすれる　［寝食を忘れる］　17II
しんだこのとしをかぞえる　［死んだ子の年を数える］　22II

す

すかさず　15IV
すかんぴん　［素寒貧］　7IV
すきまかぜ（がふく）　［隙間風（が吹く）］　16V
すじ（がとおる）　［筋（が通る）］　7V
すじあい　［筋合い］　22IV
すじがねいり　［筋金入り］　8IV
すてぜりふ（をはく）　［捨て台詞（を吐く）］　18V
すてたもの（ではない）　［捨てたもの（ではない）］　6V
すてみ　［捨て身］　10IV
ずぼし（をつく）　［図星（を突く）］　27V
すんでのところ　28IV

せ

せいかくむひ　［正確無比］　4
せいこううどく　［晴耕雨読］　4
せいしんせいい　［誠心誠意］　11
せいせいどうどう　［正正堂堂］　11

せいてんのへきれき　［青天の霹靂］　6II
せいてんはくじつ　［青天白日］　24
せいもこんもつきはてる　［精も根も尽き果てる］　2II
せいれんけっぱく　［清廉潔白］　25
せきにんてんか　［責任転嫁］　13
せきのやま　［関の山］　19IV
せきめんする　［赤面する］　22IV
せけんずれしている　［世間擦れしている］　22II
せけんなれしている　［世間慣れしている］　22II
せけんのくちにとはたてられぬ　［世間の口に戸は立てられぬ］　17III
せけんばなれしている　［世間離れしている］　22II
ぜぜひひ　［是是非非］　23
せちがらい　［世知辛い］　4IV
せっさたくま　［切磋琢磨］　12
せつなしゅぎ　［刹那主義］　29
せっぱつまる　［切羽詰まる］　22III
せっぱん　［折半］　18IV
せとぎわ　［瀬戸際］　19IV
せにはらはかえられない　［背に腹は替えられない］　17II
ぜひにおよばず　［是非に及ばず］　22II
ぜひもしらずわきまえず　［是非もわきまえず］　22II
ぜひもない　［是非も無い］　22II
せわがない　［世話がない］　22II
せわがやける　［世話が焼ける］　22II
せわをかける　［世話をかける］　22II
ぜんげん（をひるがえす）　［前言（を翻す）］　3V
せんざいいちぐう　［千載一遇］　17
せんせんきょうきょう　［戦戦恐恐］　2
せんて（をうつ・とる）　［先手（を打つ・取る）］　21V
せんどうおおくしてふねやまにのぼる　［船頭多くして船山に上る］　27II
せんぺんばんか　［千変万化］　8

そ

ぞうけい（がふかい）　［造詣（が深い）］　21V
そうけん（にかかる）　［双肩（にかかる）］

そうごう(をくずす)［相好(を崩す)］ 12V
そうばん［早晩］ 14IV
そぐわない 18IV
そこがあさい［底が浅い］ 29II
そこがしれない［底が知れない］ 29II
そこなう［損なう］ 11IV
そこをつく［底を突く］ 29II
そつ(がない)［卒(がない)］ 11V
そっちのけ 26IV
そでにする［袖にする］ 17II
そでをとおす［袖を通す］ 17II
そでをわかつ［袖を分かつ］ 17II
そなえあればうれいなし［備えあれば憂いなし］ 17III
そり(があわない)［そり(が合わない)］ 25V
それみたことか［それ見たことか］ 29IV
そろばんがあう［算盤が合う］ 27II
そろばんをおく［算盤を置く］ 27II
そろばんをはじく［算盤を弾く］ 27II

た
たいがんじょうじゅ［大願成就］ 21
たいがんのかじ［対岸の火事］ 26III
たいぎめいぶん［大義名分］ 30
たいげんそうご［大言壮語］ 29
たいこばんをおす［太鼓判を押す］ 11III
だいこんやくしゃ［大根役者］ 28III
たいぜんじじゃく［泰然自若］ 24
だいたんふてき［大胆不敵］ 3
たいふうのめ［台風の目］ 26III
たががゆるんでいる［箍が緩んでいる］ 28III
たかとび［高飛び］ 11II
たかねのはな［高嶺の花］ 11II
たかびしゃ(にでる)［高飛車(に出る)］ 6V
たかみのけんぶつ［高みの見物］ 11II
たける［長ける］ 4IV
たけをわったよう［竹を割ったよう］ 11III
たしなめる 30IV
たすけぶね(をだす)［助け船(を出す)］ 16V
ただならぬ 23IV

24V
たたみかける 28IV
たちすくむ［立ちすくむ］ 25IV
たつせがない［立つ瀬がない］ 11II
たっているものはおやでもつかえ［立っているものは親でも使え］ 25II
たつとりあとをにごさず［立つ鳥跡を濁さず］ 11II
たづな(をゆるめる)［手綱(を緩める)］ 24V
たていたにみずをながす［立て板に水を流す］ 11II
たでくうむしもすきずき［蓼食う虫も好き好き］ 25II
たてをつく［盾を突く］ 28II
たにんぎょうぎ［他人行儀］ 3III
たにんのめしをくう［他人の飯を食う］ 25II
たびのはじはかきすて［旅の恥はかき捨て］ 3II
たびはういものつらいもの［旅は憂いもの辛いもの］ 3II
たびはみちづれよはなさけ［旅は道連れ世は情け］ 3II
たまにきず［玉に瑕］ 11II
たまのあせ［玉の汗］ 11II
たまのこし［玉の輿］ 11II
だまりこくる［黙りこくる］ 26IV
だめでもともとだ［駄目で元々だ］ 11II
だめをおす［駄目を押す］ 11II
だめをだす［駄目を出す］ 11II
たもとをわかつ［袂を分かつ］ 3III
たわいのない［他愛のない］ 2IV
たん(をはっする)［端(を発する)］ 22V
たんせい(こめる)［丹精(込める)］ 19V
たんとうちょくにゅう［単刀直入］ 3III

ち
ちえぶくろ［知恵袋］ 24IV
ちえをかりる［知恵を借りる］ 26II
ちえをしぼる［知恵を絞る］ 26II
ちえをつける［知恵を付ける］ 26II
ちがかよう［血が通う］ 25II
ちがさわぐ［血が騒ぐ］ 3II
ちがにじむ［血が滲む］ 3II
ちがひく［血が引く］ 25II

索　引

ちからづく［力づく］　14IV
ちからになる［力になる］　26II
ちからをいれる［力を入れる］　26II
ちからをかす［力を貸す］　26II
ちはあらそえない［血は争えない］　3II
ちはみずよりもこい［血は水よりも濃い］　3II
ちまつりにあげる［血祭りに上げる］　25II
ちもなみだもない［血も涙もない］　3II
ちゃちゃをいれる［茶々を入れる］　3II
ちゅうにうく［宙に浮く］　23II
ちょうじり(があう)［帳尻(が合う)］　7V
ちょうちょうはっし［丁丁発止］　14
ちょうれいぼかい［朝令暮改］　3
ちょとつもうしん［猪突猛進］　7
ちをわける［血を分ける］　3II

つ

ついぞ　15IV
つうこんじ［痛恨事］　4IV
つきとすっぽん［月とすっぽん］　21II
つじつま(があう)［辻褄(が合う)］　26V
つつぬけ［筒抜け］　22IV
つのつきあわせる［角突き合わせる］　18IV
つぶしがきく［つぶしが利く］　28II
つべこべ(いう)［つべこべ(言う)］　11V
つまびらか［詳らか］　3IV
つめにひをともす［爪に火を灯す］　25II
つめのあかをせんじてのむ［爪の垢を煎じて飲む］　22III
つめをかくす［爪を隠す］　25II
つめをとぐ［爪を研ぐ］　25II
つゆほども〜ない［露ほども(〜ない)］　21V
つらよごし［面汚し］　7IV
つるのひとこえ［鶴の一声］　23II
つるはせんねんかめはまんねん［鶴は千年亀は万年］　28II

て

てあい［手合い］　13IV
であいがしら［出合い頭］　6IV
ていをなしていない［体をなしていない］　25III
てかげん［手加減］　11IV

てがつけられない［手が付けられない］　26II
てがとどかない［手が届かない］　26II
てがまわらない［手が回らない］　26II
てがやける［手が焼ける］　18II
てぎわよく［手際よく］　18IV
てぐすね(をひく)［手ぐすね(を引く)］　4V
てごころをくわえる［手心を加える］　18II
てこでもうごかない［梃子でも動かない］　18III
てしおにかける［手塩に掛ける］　18II
てだて(をこうじる)［手立て(を講じる)］　14V
てだまにとる［手玉に取る］　1III
てつけ［手付］　18II
てっついをくだす［鉄槌を下す］　2II
てっとうてつび［徹頭徹尾］　5
てっとりばやい［手っとり早い］　30IV
てづまり［手詰まり］　16IV
てにあまる［手に余る］　18II
てにかける［手に掛ける］　18II
てにのる［手に乗る］　18II
てぬかり［手抜かり］　18II
でばな(をくじく)［出鼻(を挫く)］　6V
てほどき［手ほどき］　15IV
てまえみそ［手前味噌］　18II
てもあしもでない［手も足も出ない］　28II
てらい(がない)［衒い(がない)］　3V
てをあわせる［手を合わせる］　25II
てをいれる［手を入れる］　25II
てをうつ［手を打つ］　25II
てをきる［手を切る］　18II
てをくだす［手を下す］　26II
てをくわえる［手を加える］　26II
てをこまねく［手を拱く］　18II
てをそめる［手を染める］　26II
てをぬく［手を抜く］　23II
てをのばす［手を延ばす］　23II
てをはなれる［手を離れる］　23II
てをわずらわす［手を煩わす］　18II
てんがいこどく［天涯孤独］　30
てんぐになる［天狗になる］　28II
でんこうせっか［電光石火］　20
てんてん(とする)［転々(とする)］　28V

と

ど(をこえる、こす) ［度(を超える、超す)］ 27V
とうげをこす ［峠を越す］ 28II
とうし(がわく) ［闘志(が湧く)］ 26V
どうにいる ［堂に入る］ 15III
とうへんぼく ［唐変木］ 26IV
ときはかねなり ［時は金なり］ 17II
ときもとき ［時も時］ 6IV
ときをあらそう ［時を争う］ 23II
ときをかせぐ ［時を稼ぐ］ 23II
ときをまつ ［時を待つ］ 23II
どくしょざんまい ［読書三昧］ 4
とくしんさせる ［得心させる］ 28IV
どくだんじょう ［独壇場］ 12IV
どくだんせんこう ［独断専行］ 21
どくづく ［毒づく］ 27IV
どさくさ(にまぎれる) ［どさくさ(に紛れる)］ 8V
としは(もいかない) ［年端(もいかない)］ 22V
としよりのひやみず ［年寄りの冷や水］ 18III
とっぴょうし(もない) ［突拍子(もなく)］ 24V
とてつもない ［途轍もない］ 28II
とぶとりあとをにごさず ［飛ぶ鳥跡を濁さず］ 30II
とほう(にくれる) ［途方(に暮れる)］ 4V
とみに 2IV
とらぬたぬきのかわざんよう ［取らぬ狸の皮算用］ 28II
とらのこ ［虎の子］ 28II
とりつくしまもない ［取り付く島もない］ 23III
どんぐりのせいくらべ ［団栗の背比べ］ 23III
とんとんびょうし(にすすむ) ［とんとん拍子(に進む)］ 8V

な

ないがしろ(にする) 18V
ながいめでみる ［長い目で見る］ 5II
なきごとをいう ［泣き言を言う］ 10II
なきねいり ［泣き寝入り］ 4IV
なげやり ［投げ遣り］ 2IV
なさけはひとのためならず ［情けは人のためならず］ 5III
なしのつぶて ［梨の礫］ 13III
なすがまま 3IV
なぞ(をかける) ［謎(を掛ける)］ 9V
なだれこむ ［雪崩れ込む］ 25IV
なにおう ［名に負う］ 5II
なにくわぬかお ［何食わぬ顔］ 5III
なみたいていな ［並大抵な］ 18IV
なみだをおぼえる ［涙を覚える］ 5II
なみだをのむ ［涙を呑む］ 5II
なみだをもよおす ［涙を催す］ 5II
なみなみと(つぐ) ［なみなみと(注ぐ)］ 30V
なみなみならぬ ［並々ならぬ］ 12IV
なりふり(かまわず) ［なりふり(構わず)］ 28V
なりものいり ［鳴り物入り］ 8IV
なをうる ［名を売る］ 5II
なをけがす ［名を汚す］ 5II
なんくせ(をつける) ［難癖(をつける)］ 8V
なんこうふらく ［難攻不落］ 7

に

にえゆ(をのます) ［煮え湯(を呑ます)］ 5V
にがおもい ［荷が重い］ 5II
にがかつ ［荷が勝つ］ 5II
にくまれぐち(をきく) ［憎まれ口(を利く)］ 9V
にそくさんもん ［二束三文］ 1
にたりよったり ［似たり寄ったり］ 29II
にてひなり ［似て非なり］ 29II
にてもにつかぬ ［似ても似つかぬ］ 29II
にてもやいてもくえない ［煮ても焼いても食えない］ 29III
にとおうものはいっともえず ［二兎追う者は一兎も得ず］ 10III
にのあしをふむ ［二の足を踏む］ 10II
にべもない 23IV
にまいじた ［二枚舌］ 6II
にをおろす ［荷を下ろす］ 5II

ぬ

ぬすっとたけだけしい ［盗人猛々しい］

索　引

10III
ぬれぎぬをきせる　［濡れ衣を着せる］　10II

ね
ねがはえる　［根が生える］　10II
ねこかわいがりする　［猫可愛がりする］　10III
ねこのこいっぴきいない　［猫の子一匹いない］　10II
ねこをかぶる　［猫を被る］　10II
ねつがさめる　［熱が冷める］　10II
ねつにうかされる　［熱に浮かされる］　10II
ねつをあげる　［熱をあげる］　10II
にもつ　［根に持つ］　10II
ねもはもない　［根も葉もない］　10II
ねりなおし　［練り直し］　26IV
ねんにはねんをいれる　［念には念を入れる］　29II

の
のこりものにふくがある　［残りものに福がある］　29II
のっぴきならない　11IV
のどもとすぎればあつさわすれる　［喉元過ぎれば熱さ忘れる］　29II
のらりくらり　30IV

は
はえぬき　［生え抜き］　8IV
はがうくようなせりふ　［歯が浮くようなセリフ］　22III
はかがいかない　［はかが行かない］　29III
はがんいっしょう　［破顔一笑］　23II
はくがくたさい　［博学多才］　12
はくりたばい　［薄利多売］　20
ばけのかわ　［化けの皮］　22IV
はしがころんでもおかしいとしごろ　［箸が転んでもおかしい年頃］　29III
ばじとうふう　［馬耳東風］　19
はじのうわぬりをする　［恥の上塗りをする］　29II
はじをかく　［恥をかく］　29II
はじをさらす　［恥をさらす］　29II
ばちがい　［場違い］　9IV
はちょう(があう)　［波長(が合う)］　30V

ばつ(がわるい)　［ばつ(が悪い)］　9V
はっぽう(てをつくす)　［八方(手を尽くす)］　3V
はないきがあらい　［鼻息が荒い］　1II
はなから　［端から］　18IV
はなっぱしら(がつよい)　［鼻っ柱(が強い)］　25V
はなであしらう　［鼻であしらう］　15II
はなでわらう　［鼻で笑う］　15II
はなにかける　［鼻にかける］　1II
はなもみもある　［花も実もある］　4II
はなをあかす　［鼻を明かす］　15II
はにきぬきせぬ　［歯に衣着せぬ］　28III
はばかる　［憚る］　3IV
はぶり(がいい)　［羽振り(がいい)］　13V
はめをはずす　［羽目を外す］　19II
はやる　［逸る］　4IV
はらづもり　［腹づもり］　1IV
はらわたがにえくりかえる　［腸が煮えくりかえる］　24III
はらんばんじょう　［波乱万丈］　8
はりあい(がある)　［張り合い(がある)］　26V
ばりぞうごん　［罵詈雑言］］　25
はりのむしろ　［針の筵］　5IV
ばんじきゅうす　［万事休す］　21IV
はんめんきょうし　［反面教師］　13

ひ
ぴーん(とくる)　［ピーン(とくる)］　27V
ひきこもごも　［悲喜交交］　17
ひけ(をとる)　［引け(を取らない)］　13V
ひさしをかしておもやをとられる　［庇を貸して母屋を取られる］　30II
ひじてつをくらわす　［肘鉄をくらわす］　2II
ひぞうっこ　［秘蔵っ子］　8IV
ひとかど　［一角］　16IV
ひとここち(がつく)　［人心地(がつく)］　22V
ひとすじなわ(でいかない)　［一筋縄(でいかない)］　18V
ひとはだ(あげる)　［一旗(揚げる)］　2V
ひとはだ(ぬぐ)　［一肌(脱ぐ)］　28V
ひとめ(をしのぶ)　［人目(を忍ぶ)］　30V
ひとりがち　［一人勝ち］　19IV

ひのくるま　［火の車］　27IV
ひばな(をちらす)　［火花(を散らす)］　14V
ひょんな　13IV
ひるあんどん　［昼行灯］　30IV
ひるむ　25IV
ひんこうほうせい　［品行方正］　11

ふ

ふいちょうする　［吹聴する］　26IV
ふうこうめいび　［風光明媚］　6
ふえきりゅうこう　［不易流行］　8
ふくむところ　［含むところ］　28IV
ふし(がある)　4V
ふぜい　［風情］　20IV
ふせき(をうつ)　［布石(を打つ)］　26V
ぶっちょうづら　［仏頂面］　2IV
ふとうふくつ　［不撓不屈］　18
ふひょう(をかう)　［不評(を買う)］　9V
ふびん　［不憫］　10IV
ふへんふとう　［不偏不党］　23
ぶれいせんばん　［無礼千万］　26
ふわらいどう　［付和雷同］　28
ふんだくる　16IV
ふんぱんもの　［噴飯物］　3IV
ぶんぶりょうどう　［文武両道］　10
ふんべつ(がある)　［分別(がある)］　12V

へ

へいしんていとう　［平身低頭］　30
へきえきする　［辟易する］　10IV
べそ(をかく)　30V
へそ(をまげる)　［臍(を曲げる)］　14V
へたのよこずき　［下手の横好き］　25III
へらずぐち(をたたく)　［減らず口(をたたく)］　11V
へんとう(にきゅうす)　［返答(に窮す)］　7V

ほ

ぼうがい　［望外］　12IV
ぼうじゃくぶじん　［傍若無人］　14
ぼうぜんじしつ　［茫然自失］　20
ほうとうざんまい　［放蕩三昧］　28
ほうほうのてい　［ほうほうの体］　7IV
ほおかぶり　［頬かぶり］　29IV
ほこさき(がむく)　［矛先(が向く)］　2V

ほごにする　［反故にする］　25III
ほしまわり(がわるい)　［星回り(が悪い)］　14V
ほぞをかむ　［臍を噛む］　14III
ほだす　［絆す］　8IV
ほとぼり(がさめる)　［ほとぼり(が冷める)］　18V
ほねをおる　［骨を折る］　5II
ほめちぎる　22IV
ほをすすめる　［歩を進める］　20II

ま

ま(がさす)　［魔(が差す)］　6V
ま(がもてない)　［間(が持てない)］　12V
まがぬける　［間が抜ける］　30II
まかりまちがう　［まかり間違う］　28IV
まがわるい　［間が悪い］　30II
まきぞえ(をくう)　［巻き添え(を食う)］　8V
まきぞえにする　［巻き添えにする］　27IV
まだしも　16IV
まないたのうえのこい　［俎板の上の鯉］　23III
まゆつばもの　［眉唾もの］　9IV
まゆにつばをつける　［眉に唾を付ける］　12II
まゆね(をよせる)　［眉根(を寄せる)］　12V
まゆをあげる　［眉を上げる］　16II
まゆをくもらせる　［眉を曇らせる］　12II
まゆをさげる　［眉を下げる］　16II
まゆをつりあげる　［眉を吊り上げる］　12II
まゆをひそめる　［眉をひそめる］　4II
まゆをよせる　［眉を寄せる］　16II
まをもたす　［間を持たす］　30II
まんじり(ともしない)　19V
まんまと　4IV
まんをじす　［満を持す］　19III

み

みいらとりがみいらになる　［ミイラ取りがミイラになる］　21III
みかけだおし　［見かけ倒し］　24IV
みきり(をつける)　［見切り(をつける)］　21V
みじろぎ(する)　［身じろぎ(する)］　15V
みずぎわたつ　［水際立つ］　12III

索引

みずとあぶら　［水と油］　21II
みぜにをきる　［身銭を切る］　30II
みせをたたむ　［店をたたむ］　16II
みせをはる　［店を張る］　16II
みせをひろげる　［店を広げる］　16II
みたて　［見立て］　8IV
みっかてんか　［三日天下］　9
みっかぼうず　［三日坊主］　3
みつごのたましいひゃくまで　［三つ子の魂百まで］　30III
みにあまる　［身に余る］　21III
みにおぼえがある　［身に覚えがある］　24II
みのおきどころ(がない)　［身の置き所(がない)］　15V
みのけがよだつ　［身の毛がよだつ］　4III
みまがう　［見紛う］　9IV
みみうちする　［耳打ちする］　24II
みみがいたい　［耳が痛い］　4II
みみがけがれる　［耳がけがれる］　12II
みみがこえる　［耳が肥える］　19II
みみがはやい　［耳が早い］　19II
みみずがのたくったようなじ　［ミミズがのたくったような字］　16III
みみにいれる　［耳に入れる］　24II
みみにさわる　［耳に障る］　4II
みみにたこができる　［耳にたこができる］　24II
みみにつく　［耳につく］　1II
みみにとまる　［耳にとまる］　15II
みみにのこる　［耳に残る］　1II
みみにはいる　［耳に入る］　12II
みみをうたがう　［耳を疑う］　12II
みみをかす　［耳を貸す］　15II
みみをすます　［耳を澄ます］　19II
みみをそばだてる　［耳をそばだてる］　15II
みみをそろえる　［耳を揃える］　4II
みみをふさぐ　［耳を塞ぐ］　1II
みやぶる　［見破る］　16IV
みるかげ(もない)　［見る影(もない)］　5V
みれんがある　［未練(がある)］　18V
みをこにする　［身を粉にする］　21II
みをのりだす　［身を乗り出す］　19II
みをもちくずす　［身を持ち崩す］　19III

む

むだあしをふむ　［無駄足を踏む］　30II
むだぼねをおる　［無駄骨を折る］　12III
むなくそがわるい　［胸糞が悪い］　4II
むねがいっぱいになる　［胸が一杯になる］　12II
むねがおどる　［胸が躍る］　19II
むねがさわぐ　［胸が騒ぐ］　19II
むねがすく　［胸がすく］　19II
むねがはりさける　［胸が張り裂ける］　12II
むねにおさめる　［胸に収める］　24II
むねをうつ　［胸を打つ］　12II
むねをかす　［胸を貸す］　24II
むねをかりる　［胸を借りる］　24II
むねをこがす　［胸を焦がす］　16III
むようのちょうぶつ　［無用の長物］　24III
むりもない　［無理もない］　24II

め

め(をかける)　［目(をかける)］　10V
め(をみはる)　［目(を見張る)］　10V
めいじつあいともなう　［名実相伴う］　4II
めいじょうしがたい　［名状しがたい］　8II
めいめいはくはく　［明明白白］　19
めいよばんかい　［名誉挽回］　22
めいろうかったつ　［明朗闊達］　25
めがこえる　［目が肥える］　4II
めがさめる　［目が覚める］　24II
めがしらをおさえる　［目頭を押さえる］　1II
めがしらをぬぐう　［目頭をぬぐう］　1II
めがたかい　［目が高い］　16II
めがない　［目がない］　16II
めがまわる　［目が回る］　21II
めくじらをたてる　［目くじらをたてる］　1II
めくばり　［目配り］　25IV
めさきをかえる　［目先を変える］　21III
めざとく(みつける)　［目ざとく(見つける)］　30V
めじゃない　［目じゃない］　16II
めど(がたつ、つく)　［目処(が立つ、つく)］　26V
めにうかぶ　［目に浮かぶ］　4II
めにはめを　［目には目を］　24II
めにものいわす　［目に物言わす］　15II
めのかたき　［目の敵］　27IV

めをしろくろさせる ［目を白黒させる］ 15II
めをとめる ［目を止める］ 15II
めをぬすむ ［目を盗む］ 15II
めをひからす ［目を光らす］ 15II
めをほそくする ［目を細くする］ 15II
めをやしなう ［目を養う］ 4II
めんくらう ［面喰らう］ 21IV

も
もってこい 24IV
もてあます ［持て余す］ 9IV
もとのさやにおさまる ［元の鞘に収まる］ 21II
もとのもくあみになる ［元の木阿弥になる］ 21II
もともこもない ［元も子もない］ 21II
もぬけのから ［蛻の殻］ 12III
もの(をいう) ［物(を言う)］ 10V
ものごし(がやわらかい) ［物腰(が柔らかい)］ 7V
もののかず(ではない) ［物の数(ではない)］ 25V
ものわらい(になる) ［物笑い(になる)］ 2V
もんちゃく(をおこす) ［悶着(を起こす)］ 3V
もんどうむよう ［問答無用］ 14

や
やき(がまわる) ［焼き(が回る)］ 3V
やすうけあい ［安請け合い］ 2IV
やせがまん ［痩せ我慢］ 19II
やせてもかれても ［痩せても枯れても］ 19II
やせるおもい ［痩せる思い］ 19II
やのさいそくをする ［矢の催促をする］ 16II
やぶからぼう ［藪から棒］ 23II
やみからやみ(にほうむる) ［闇から闇(に葬る)］ 7V
やみくも 5IV
やもたてもたまらない ［矢も楯もたまらない］ 16II
やりくち ［やり口］ 16IV
やりだまにあげる ［やり玉に挙げる］ 4III

やをむける ［矢を向ける］ 16II

ゆ
ゆいがどくそん ［唯我独尊］ 23
ゆうちょうな ［悠長な］ 10IV
ゆうもうかかん ［勇猛果敢］ 7
ゆうゆうじてき ［悠悠自適］ 24
ゆうれつ(がつく) ［優劣(がつく)］ 11V
ゆだんたいてき ［油断大敵］ 19
ゆだんもすきもない ［油断も隙もない］ 12II

よ
よういしゅうとう ［用意周到］ 29
ようとうくにく ［羊頭狗肉］ 19
ようのとうざいをとわず ［洋の東西を問わず］ 21II
よがよならば ［世が世ならば］ 21II
よぎる 3IV
よこぐるまをおす ［横車を押す］ 27II
よこやりをいれる ［横槍を入れる］ 12II
よそう(にはんする) ［予想(に反する)］ 28V
よねん(がない) ［余念(がない)］ 15V
よみがふかい ［読みが深い］ 12II
よもすえ ［世も末］ 30II
よゆうしゃくしゃく ［余裕綽綽］ 24
よるとさわると ［寄ると触ると］ 30III
よわごし ［弱腰］ 22IV
よわね(をはく) ［弱音(を吐く)］ 22V
よわみ(につけこむ) ［弱み(につけこむ)］ 11V
よわりめにたたりめ ［弱り目に祟り目］ 30II

ら
らちがあかない ［埒が明かない］ 21II
らちもない ［埒もない］ 28II
らつわん(をふるう) ［辣腕(を振るう)］ 3V

り
りゅういん(がさがる) ［溜飲(が下がる)］ 22V
りゅうとうだびにおわる ［竜頭蛇尾に終わる］ 23II

索　引

る
るふする　［流布する］　27IV

れ
れいせいちんちゃく　［冷静沈着］　22
れっきとした　25IV

ろ
ろくすっぽ　24IV
ろれつがまわらない　［呂律が回らない］
　　22II

わ
わきがあまい　［脇が甘い］　19III
わきたつ　［沸き立つ］　6IV
わらいがとまらない　［笑いが止まらない］
　　4III
わり(にあわない)　［割(に合わない)］　21V
わりをくう　［割りを食う］　24III
われにかえる　［我に返る］　16III
われもわれもと　［我も我もと］　21II
われをわすれる　［我を忘れる］　19II

執筆者(五十音順)

戎　妙子　　　　（羽衣国際大学現代社会学部非常勤講師）
柴田　あぐに　　（プール学院大学国際文化学部非常勤講師）
関　綾子　　　　（プール学院大学国際文化学部准教授）
中谷　潤子　　　（大阪大学国際教育交流センター非常勤講師）
松田浩志(蒼風)　（プール学院大学国際文化学部教授）
山田　勇人　　　（大阪成蹊大学芸術学部非常勤講師）

大学生、社会人の日本語応用力を伸ばす
使うことば

2011年3月10日　印刷　　　2011年3月30日　初版発行

KENKYUSHA
〈検印省略〉

著　者　　松田　浩志　ほか
発行者　　関戸　雅男
印刷所　　研究社印刷株式会社

〒102-8152
東京都千代田区富士見 2-11-3
電話（編集）03(3288)7711（代）
　　（営業）03(3288)7777（代）
振替　00150-9-26710
http://www.kenkyusha.co.jp/

発行所　株式会社　研　究　社

Printed in Japan / ISBN 978-4-327-38458-6　C1081
装丁：たかはし文雄

大学生、社会人の日本語応用力を伸ばす 使うことば

解答例

KENKYUSHA

【第1課】
Ⅰ．1. 二束三文　2. 九分九厘　3. 一期一会
Ⅱ．1. 目くじらをたてる　2. 鼻にかける　3. 耳につく　4. 大きな顔をする
Ⅲ．1. 疲れ切ってへとへとになる　2. 思いのままに操られる
　　3. 交通機関が止まったために、移動できなくなる
Ⅳ．（いっぱし）（気取り）（あっけらかん）（鵜呑み）（表向き）（腹づもり）
Ⅴ．1. 片を(つける)　あっけに(とられる)
　　2. 見識が(高い)　いざと(いう)
　　3. 采配を(振る)　おちおち(して)

【第2課】
Ⅰ．1. 戦戦恐恐　2. 一喜一憂　3. 阿鼻叫喚
Ⅱ．1. 白い目で見る　2. 朱を入れる　3. 痺れを切らす　4. 思案に沈む
Ⅲ．1. あってもなくてもどうでもいい、添えもの程度の軽い役割のもの
　　2. 救済 / 解決 / 改善の見込みがないとして、手を引く / 見放す
　　3. 資金のやり繰りを続けなければいけない、不安定な経営
Ⅳ．（こぞって）（とみに）（他愛のない）（仏頂面）（投げ遣り）（安請け合い）
Ⅴ．1. 陰口を(たたき / 言い / きき)　憂さを(晴らす)
　　2. 物笑いに(されている)　一旗(上げ)
　　3. 後腐れが(ない)　矛先が自分に(向く / 向かう)

【第3課】
Ⅰ．1. 大胆不敵　2. 旧態依然　3. 三日坊主
Ⅱ．1. 血も涙もない　2. 血は水よりも濃い　3. 旅の恥はかき捨て　4. 茶々を入れる
Ⅲ．1. 親しい仲なのに、まるで他人に接する時のようによそよそしくふるまうこと
　　2. 行動を共にしていた人との関係を絶つこと
　　3. 前置きや余談、遠回しな表現なしで、すぐに話の本題 / 要点に入ること
Ⅳ．（詳らか）（憚る）（なすがまま）（噴飯物）（侮る）（よぎる）
Ⅴ．1. 悶着を(起こした)　手を(尽くし)
　　2. 辣腕を(ふるっ)　前言を(翻す)
　　3. 焼きが(回った)　衒いも(なく)

【第4課】
Ⅰ．1. 晴耕雨読　2. 正真正銘　3. 正確無比
Ⅱ．1. 耳が痛い　2. 名実相ともなう　3. 眉をひそめる　4. 目が肥える
Ⅲ．1. 攻撃や非難の対象にして責めること
　　2. あまりの恐ろしさに、体の毛が逆立つように感じること
　　3. 嬉しくてたまらない様子

Ⅳ．（世知辛く）（長けた）（まんまと）（はやる）（泣き寝入り）（痛恨事）
Ⅴ．1．言語に（絶する）　ふしが（ある）
　　2．途方に（暮れた）　折り合いを（つけよう）
　　3．金に（汚い）　手ぐすね（ひいて）

【第5課】
Ⅰ．1．子子孫孫　2．徹頭徹尾　3．縦横無尽
Ⅱ．1．名を汚す　2．涙を呑む　3．長い目で見る　4．荷を下ろす
Ⅲ．1．何も知らない、自分は無関係だという顔つきや態度をする様子
　　2．人に親切にしておけば、やがてよい報いとなって自分に返ってくるということ
　　3．内部にいて恩恵を受けていながら、所属する組織に害を与える者のこと
Ⅳ．（やみくも）（頭ごし）（あながち）（針の筵）（あえて）（あたふた）
Ⅴ．1．あぐらを（かいている）　見る影も（ない）
　　2．口車に（乗っ）　事なきを（得た）
　　3．足並みを（そろえ）　煮え湯を（飲まされる）

【第6課】
Ⅰ．1．豪華絢爛　2．意気軒昂　3．虎視眈眈
Ⅱ．1．舌足らず　2．耳目を驚かす　3．木を見て森を見ず　4．砂上の楼閣
Ⅲ．1．人の力量や物の価値を判定する材料となる物やできごと
　　2．苦境に立たされたときに、思わぬ助けを受け喜ぶこと
　　3．人生の幸不幸は予想しがたく、何が禍福に転じるかわからない
Ⅳ．（逢魔が時）（時も時）（気が立っ）（出合い頭）（片時）（沸き立っ）
Ⅴ．1．魔が（差した）　常軌を（逸した）
　　2．高飛車に（出る）　出鼻を（くじかれ）
　　3．勝算は（ない）　捨てたもの（ではない）

【第7課】
Ⅰ．1．猪突猛進　2．孤軍奮闘　3．難攻不落
Ⅱ．1．陰になり日向になる　2．核心を衝く　3．綺羅星のごとく　4．後手に回る
Ⅲ．1．目上の人を激しく怒らせる
　　2．弱い者も追い詰められると強い者に反撃する
　　3．人からの頼み事や相談を、無愛想かつ冷淡に拒絶する様子
Ⅳ．（顎で使っ）（素寒貧）（面汚し）（ほうほうの体）（洗いざらい）（芋づる式）
Ⅴ．1．根を（詰めて）　帳尻が（合わない）
　　2．闇から闇に（葬ろう）　返答に（窮して）
　　3．物腰が（柔かく）　筋が（通った）

【第 8 課】
Ⅰ．1．画竜点睛　2．千変万化　3．不易流行
Ⅱ．1．下駄を履く　2．言を俟たない　3．好事魔多し　4．気は心だ
Ⅲ．1．途中から引き返す
　　2．激しく議論する
　　3．その地位の人を入れ替える
Ⅳ．(生え抜き)(秘蔵っ子)(ほだされた)(見立て)(鳴り物入り)(筋金入り)
Ⅴ．1．巻き添えを(くい)　難癖を(つけ)
　　2．とんとん拍子に(進み)　有頂天に(なって)
　　3．どさくさに(紛れ)　語気を(荒げた)

【第 9 課】
Ⅰ．1．人海戦術　2．三日天下　3．栄枯盛衰
Ⅱ．1．声を曇らす　2．糊口を凌ぐ　3．心を砕く　4．口にのぼる
Ⅲ．1．権威を前面に出して偉そうにする
　　2．例外ではない
　　3．まだ歳が若く、経験が浅い
Ⅳ．(眉唾もの)(見紛う)(蚊帳の外)(有無を言わず)(もてあまし)(場違い)
Ⅴ．1．謎を(かける)　不評を(買っ)
　　2．憎まれ口を(たたいた/きいた)　バツの(悪い)
　　3．尻馬に(乗って)　口裏を(合わせ)

【第 10 課】
Ⅰ．1．器用貧乏　2．四角四面　3．文武両道
Ⅱ．1．濡れ衣を着せる　2．根に持つ　3．猫を被る　4．熱が冷める
Ⅲ．1．出世して故郷に帰る
　　2．同時に二つのことをしようとすると、結局両方とも成功しない
　　3．盗みや悪事をはたらきながら平気でずうずうしい
Ⅳ．(捨て身)(然り)(悠長な)(辟易させ)(不憫)(新手)
Ⅴ．1．ぐうの音も(出ない)　悪態を(つく)
　　2．物を(言う)　真価が(問われる)
　　3．目を(かけ)　目を(見張る)

【第 11 課】
Ⅰ．1．質実剛健　2．誠心誠意　3．正正堂堂
Ⅱ．1．立つ瀬がない　2．玉に瑕　3．高嶺の花　4．駄目を出す
Ⅲ．1．さっぱりした
　　2．確実な保証をする

3. 重ねて無用なことをする
Ⅳ．（損なう）（釘付け）（いささか）（手加減）（押し殺した）（のっぴきならない）
Ⅴ．1. 減らず口を（たたく / きく）　　優劣は（ついた / 決まった）
　　2. そつが（ない）　　頃合を（見て / 見計らって）
　　3. 弱みに（つけこむ）　　つべこべ（言わず）

【第12課】
Ⅰ．1. 博学多才　　2. 切磋琢磨　　3. 以心伝心
Ⅱ．1. 耳に入る　　2. 眉を曇らせる　　3. 胸が張り裂ける　　4. 横槍を入れる
Ⅲ．1. 人が逃げ去ったあと、空っぽになっている状態
　　2. 何の役にも立たない努力や苦労をすること
　　3. ひときわ目立つ
Ⅳ．（がらみ）（さながら）（独壇場）（如才ない）（望外）（並々ならぬ）
Ⅴ．1. 間が（持たない）　　気が（進まない）
　　2. 相好を（崩し）　　緊張がいっぺんに（解ける / 緩む）
　　3. 分別の（ある）　　眉根を（寄せて）

【第13課】
Ⅰ．1. 反面教師　　2. 温故知新　　3. 唯唯諾諾
Ⅱ．1. 息が詰まる　　2. 息を吹き返す　　3. 気が引ける　　4. 顔を立てる
Ⅲ．1. おかしくて見ていられない
　　2. 食べ物が腐りやすい
　　3. 全然連絡がない
Ⅳ．（語り草）（ひょんな）（当て推量）（間一髪）（心ない）（手合い）
Ⅴ．1. 羽振りが（よい）　　合点が（いかない）
　　2. しめしが（つかない）　　険の（ある）
　　3. 味わい（深い）　　引けを（とらない）

【第14課】
Ⅰ．1. 一網打尽　　2. 打打発止　　3. 問答無用
Ⅱ．1. 足場を固める　　2. 肝を冷やす　　3. 首が回らない　　4. 舌を巻く
Ⅲ．1. 後悔する
　　2. 愛すれば欠点も美点に見える
　　3. 将来の計画
Ⅳ．（牛耳っている）（力ずく）（怪訝な）（所詮）（早晩）（事も無げに）
Ⅴ．1. 火花を（散らす）　　手立てを（講じ）
　　2. 一理（ある）　　臍を（曲げて）
　　3. 気が（休まる）　　星回りが（悪い）

【第 15 課】
Ⅰ．1．諸行無常　2．一日千秋　3．事実無根
Ⅱ．1．鼻を明かす　2．耳をそばだてる　3．目に物言わす　4．目を白黒させる
Ⅲ．1．十分理解できるように分りやすく言う
　　2．じっくりと落ち着いて
　　3．すっかり自分のものになっている
Ⅳ．(後ろ盾)(一途)(手ほどき)(からっきし)(すかさず)(ついぞ)
Ⅴ．1．も身じろぎひとつ(しない)　居住まいを(正し)
　　2．身の置き所も(ない)　訝しく(思った)
　　3．口利きを(して)　余念が(ない)

【第 16 課】
Ⅰ．1．荒唐無稽　2．言語道断　3．威風堂堂
Ⅱ．1．店を広げる　2．目がない　3．眉を上げる　4．矢も楯もたまらない
Ⅲ．1．とても下手な字
　　2．気がつく、正気になる
　　3．大変好きだった、惚れていた
Ⅳ．(やり口)(一角)(ふんだくる)(まだしも)(手詰まり)(見破る)
Ⅴ．1．沽券に(かかわる)　屈託が(ない)
　　2．ごたくを(並べる)　始末に(負えない)
　　3．隙間風が(吹き)　助け舟を(出した)

【第 17 課】
Ⅰ．1．千載一遇　2．一挙両得　3．悲喜交交
Ⅱ．1．歳月人を待たず　2．策を講じる　3．袖にする　4．背に腹は替えられない
Ⅲ．1．人が噂するのは止められない
　　2．いざというときの準備ができていれば、心配することはない
　　3．経済的な権限を持つ
Ⅳ．(一点張り)(カモにする)(駆け引き)(迂闊)(押し並べて)(毛嫌いする)
Ⅴ．1．恩着せ(がましく)　青筋を(立てて)
　　2．気合いを(入れて / 込めて)　里心が(ついた)
　　3．恨みを(買った)　言葉を(選ぶ / 濁す)

【第 18 課】
Ⅰ．1．初志貫徹　2．不撓不屈　3．思慮分別
Ⅱ．1．手に掛ける　2．手塩に掛ける　3．手前味噌　4．手を切る
Ⅲ．1．絶対に考えを変えない
　　2．同じ失敗をしない

3. 年齢を考えずにやりすぎる
Ⅳ．（並大抵な）（手際よく）（端から）（角突き合せてい）（そぐわない）（折半）
Ⅴ．1. ほとぼりが（さめる）　　一筋縄では（いかない）
　　2. ないがしろに（している）　　口を（つぐん）
　　3. 何の未練も（ない）　　捨て台詞を（吐いた）

【第19課】
Ⅰ．1. 馬耳東風　　2. 油断大敵　　3. 明明白白
Ⅱ．1. 胸が騒ぐ　　2. 我を忘れる　　3. 耳が肥える　　4. 痩せる思い
Ⅲ．1. 攻撃に対する準備が十分でない
　　2. 準備を十分にした上で機会を待って
　　3. 乱れた生活をするようになる
Ⅳ．（さきがけ）（しがらみ）（瀬戸際）（勇み足）（一人勝ち）（関の山）
Ⅴ．1. 柄にも（なく）　　丹精（込めて）
　　2. 器量が（大きい）　　性根の（座った）
　　3. まんじりとも（しなかった）　　気振りにも（見せない）

【第20課】
Ⅰ．1. 薄利多売　　2. 驚天動地　　3. 茫然自失
Ⅱ．1. 釈迦に説法　　2. 先を越す　　3. 敷居をまたぐ　　4. 情が移る
Ⅲ．1. 選び出す
　　2. 危ないこと、面倒なことには近寄らない
　　3. すぐにばれてしまう計画、たくらみ
Ⅳ．（覚束ない）（あしかけ）（お座なり）（上の空）（根競べ）（風情）
Ⅴ．1. 後先を（考えずに）　　禍根を（残す）
　　2. 機転が（利く）　　一糸（乱れぬ）
　　3. 鬱憤を（晴らす）　　器の（狭い／小さい）

【第21課】
Ⅰ．1. 一念発起　　2. 独断専行　　3. 心機一転
Ⅱ．1. 元の鞘に収まる　　2. 水と油　　3. 目が回る　　4. 洋の東西を問わず
Ⅲ．1. 身分に合わない、実力よりも過大だ
　　2. 飽きさせないように、いろいろ変える
　　3. 帰って来ない人を迎えに行った人間が帰って来なくなる（問題を解決しようとして、その問題の渦中に入る）
Ⅳ．（面喰う）（しどろもどろ）（口ごもっ）（聞きかじり）（万事休す）（一目散）
Ⅴ．1. 割に（合わない）　　表情に（出さず）
　　2. 造詣の（深い）　　先手を（打っ）

3. 主張を(通そ/貫こ)　見切りを(つけて)

【第22課】
Ⅰ. 1. 名誉挽回　2. 一刀両断　3. 一獲千金
Ⅱ. 1. 世間擦れしている　2. 是非もわきまえず　3. 世話が焼ける　4. 死んだ子の年を数える
Ⅲ. 1. 自分より優れた人に近づく
　　2. 深みがなくて口だけの気分が悪くなるような言葉
　　3. ギリギリになる、最後の最後になる
Ⅳ. (ほめちぎっ)(赤面する)(化けの皮)(筒抜け)(筋合い)(弱腰)
Ⅴ. 1. 端を(発した)　年端も(いかぬ)
　　2. 弱音を(吐く)　人心地が(ついた)
　　3. 大口を(叩いて)　溜飲が(下がる)

【第23課】
Ⅰ. 1. 是是非非　2. 不偏不党　3. 自画自賛
Ⅱ. 1. 宙に浮く　2. 時を待つ　3. 鶴の一声　4. 手を抜く
Ⅲ. 1. 変わらない、大体同じ
　　2. 逃げられなくて、他人の思い通りにされる状態
　　3. 冷たくて相手にしてくれない
Ⅳ. (切れ者)(鞍替え)(かくかくしかじか)(さりげなく)(ただならぬ)(にべもない)
Ⅴ. 1. 赤子の手を(ねじる/ひねる)　虚勢を(張って)
　　2. 一家言(ある)　歯牙にも(かけない)
　　3. 嗚咽を(漏らす)　顔向け(できない)

【第24課】
Ⅰ. 1. 悠悠自適　2. 泰然自若　3. 青天白日
Ⅱ. 1. 身に覚えがある　2. 目には目を　3. 耳にたこができる　4. 胸を借りる
Ⅲ. 1. 損する、悪い影響を受ける
　　2. 役に立たなくて、邪魔になる物
　　3. 非常に腹が立つ
Ⅳ. (ろくすっぽ)(知恵袋)(じれったい)(もってこい)(胡散臭い)(見かけ倒し)
Ⅴ. 1. 感情が(おもむく)　突拍子も(ない)
　　2. 苦言を(呈して)　手綱を(緩め)
　　3. 双肩に(かかっている)　議論を(吹っかけて/仕掛けて)

【第25課】
Ⅰ. 1. 一言居士　2. 罵詈雑言　3. 明朗闊達

Ⅱ．1．爪に火を灯す　　2．蓼食う虫も好き好き　　3．手を打つ　　4．血が引く
Ⅲ．1．下手なのに何かがとても好き
　　2．形が決まった形になっていない
　　3．無視して、捨てられる
Ⅳ．(雪崩れ込む)(ひるむ)(目配り)(立ちすくむ)(れっきとした)(買被り)
Ⅴ．1．知った風な口を(利く)　　そりが(合わない)
　　2．鼻っ柱が(強い)　　気骨が(ある)
　　3．物の数では(ない)　　工夫を(凝らした)

【第26課】

Ⅰ．1．渾然一体　　2．慇懃無礼　　3．公明正大
Ⅱ．1．力を入れる　　2．知恵を絞る　　3．手が付けられない　　4．手を加える
Ⅲ．1．勝っても慢心や油断をせず、次に備える
　　2．自分たちとは無関係な他人の不幸
　　3．大きな騒ぎの中心、主な原因
Ⅳ．(吹聴する)(心ならずも)(そっちのけ)(練り直し)(黙りこくっ)(唐変木)
Ⅴ．1．張り合いが(ない)　　闘志が(湧い)
　　2．目処が(ついた／立った)　　布石を(打って)
　　3．人後に(落ちない)　　辻褄を(合わす)

【第27課】

Ⅰ．1．四苦八苦　　2．豪放磊落　　3．虚心坦懐
Ⅱ．1．算盤を弾く　　2．先が見える　　3．横車を押す　　4．尻尾を巻く
Ⅲ．1．名人でも失敗することはある
　　2．離れてしまった人のことは、忘れてしまうものだ
　　3．あれやこれや直接関係のない文句を言う
Ⅳ．(流布する)(火の車)(目の敵)(毒づく)(正念場)(巻き添えにする)
Ⅴ．1．図星を(指された)　　肩を(落とし)
　　2．度を(越している)　　気乗りが(しなくなっ)
　　3．私腹を(肥やす)　　ピーンと(来た)

【第28課】

Ⅰ．1．放蕩三昧　　2．得手勝手　　3．付和雷同
Ⅱ．1．天狗になる　　2．虎の子　　3．盾を突く　　4．途轍もない
Ⅲ．1．下手で役に立たない俳優
　　2．緊張感がなく、しまりがない
　　3．相手のことを考えず、思った通りのことをそのまま言う
Ⅳ．(すんでのところ)(得心させ)(たたみかけた)(まかり間違っ)(しおらしい)(含むところ)

Ⅴ．1. 予想に(反して)　趣向を(凝らした)
　　2. 聞き耳を(立て)　一肌(脱ぐ)
　　3. なりふり(構わず)　転々と(した)

【第29課】
Ⅰ．1. 有象無象　2. 用意周到　3. 刹那主義
Ⅱ．1. 似たり寄ったり　2. 底を突く　3. 恥の上塗りをする　4. 念には念を入れる
Ⅲ．1. 扱いにくくて、どうにもしようがない
　　2. 思うように進まない
　　3. どんなことでも楽しめる、面白く思う
Ⅳ．(恨み辛み)(それ見たことか)(尾鰭をつけた)(頬かぶり)(息せき切っ)(ごとき)
Ⅴ．1. 受けが(良かった)　臆面も(なく)
　　2. 固唾を(飲む)　思いを(断たれた / 諦めた)
　　3. 魂胆が(見え見えになる / 透けて見える)　一瞥を(くれる / 投げる)

【第30課】
Ⅰ．1. 大義名分　2. 天涯孤独　3. 意気消沈
Ⅱ．1. 間を持たす　2. 身銭を切る　3. 飛ぶ鳥跡を濁さず　4. 鬼の目にも涙
Ⅲ．1. 小さいときの性質は、何歳になっても変わらない
　　2. 何人かが集まると決まって
　　3. 他の人のことばかり考えて、自分のことは構わない
Ⅳ．(たしなめ)(のらりくらり)(手っ取り早く)(恵比寿顔)(昼行燈)(始末に悪い)
Ⅴ．1. べそを(かいて)　人目を(忍んで)
　　2. 目ざとく(見つけた)　濁り酒を(満たし / 注ぎ)
　　3. 波長が(合う)　勝手が(違う)